FISHBOY

The way to
become exactly
what one wants to be

好きなこと × 理想の姿

を両立できる人の考え方

“なりたい自分”になる技術

きずな出版

あふれる情報に踊らされ、
世間の評価に踊らされ、
誰かが言った〝正解らしさ〟に踊らされる。
そんな現代の世の中で、自分の軸を持って
強く生きるために必要なこと。

「ある者にぴったりの靴は、他の者にとってはきつい。
人生において、すべての人間に適したレシピなどない」

――カール・グスタフ・ユング（心理学者）

はじめに

「日本人を全員、踊らせる」

私がその夢を掲げたのは、23歳のとき。

きっかけは、ダンスの世界大会で優勝して帰国した空港で、誰にも迎え入れてもらえなかったことでした。

2021年現在、日本でのダンサーの社会的地位がどのくらいであるかを語るのは難しいですが、少なくともいまよりはるかに「ダンサー」という職業が世間から認められていなかった十数年前。世界の頂点に立っても、空港にはひとりの記者も現れず、当然メディアに見出しが躍ることもありませんでした。

死ぬ気でがんばってきて結果も出したのに、それが誰にも認めてもらえないなんて……

一瞬目の前が真っ暗になりました。

でも、ここが物語のはじまりだったのです。

このとき、世界一を獲《と》ったのに誰からも注目されなかった理由を「誰もダンスに興味を持っていないからだ」と結論づけた私は、どうすれば多くの人に、ダンスに興味を持ってもらえるかを考えました。そして、

「興味がないのは、みんなやったことがないからだ！　ダンスに興味を持ってもらうには、みんなに踊ってもらえばいいんだ」

と思い立ったのです。

こうして私のなかに、残りの人生をすべて懸けて成し遂げたいと思う「日本人を全員、踊らせる」という壮大なビジョンが生まれました。

そして、その世界を実現するために、いまはさまざまなプロジェクトに関わる日々を過ごしています。

もちろんうまくいかないことも、思い通りにならないことも多々あります。

悔しい思いをすることも、いまだにあります。

それでも、一つひとつの仕事、一人ひとりとの関わりを楽しみながら、気持ちがブレる

ことなく前に進んでいけているのは、自分が好きなダンスを仕事にできていることと、この「日本人を全員、踊らせる」という明確なビジョンを掲げられていることが大きな要因になっていると、自分自身で分析しています。

「本当にやりたいこと」を見失ってしまう現代

いま、世の中は「好きなことで生きていく」が叶いやすい時代になりました。

生活のなかでＳＮＳが当たり前になって、誰もが発信できるようになり、「嫌なことはやめて、好きなことをして生きていこう」という風潮になっているようにも感じます。

その流れ自体は素晴らしいことだと思いますし、好きなことをして生きていける人がひとりでも増えることを、私も応援しています。

とくに私はダンサーなので、若いダンサーが大人になっても踊ることをあきらめることなく、好きなダンスを仕事にしていけるようになる世界を心の底から願っています。

好きなことで生きていくうえで、自分に賛同してくれるフォロワーがいることは大切です。

そしてフォロワーになってもらうために、まずは〝見てもらうこと〟が必要になります。

最近、ダンサーのなかでもYouTubeやSNSをはじめる人が増えました。

私自身も、自分のアクションに対してのフォロワー集めに必死になっています。いままでは見せることのなかった姿を見せたりもします。それでも、なかなか数字が伸びなかった場合は、少し落ち込みます。

そんな状況でも、開き直って継続することができるのはなぜか。

〝なりたい自分〟をイメージできているから、と断言できます。

なりたい自分や実現したい社会がイメージできていれば、反響の大小は最終結果ではなく実験結果に変わります。数字はそれが伝わっているかの判断材料となり、なりたい自分を叶えるためのヒントに変わります。

反響の大きさ、数字の大きさだけを追い求めている人は、自分のアクションに理由を持つことができず、自分を見失っていく未来が待っています。

私は売れっ子タレントではありません。

アイドルグループのメンバーでもなく、会社員でも映画のキャストでもありません。

誰かがプロデュースしてくれるわけでもなく、指示してくれるわけでもない。

自分で自分の進む方向を決めて、それに対してのアクションをしていかなければなりません。きっとこの本を読んでいる多くの方も、そうだと思います。

時間に限りがあるなか、私は好きなことをガムシャラにする生き方よりも、なりたい自分や社会を思い描いて、それに対してトライ＆エラーを重ねていく生き方を選びました。

なりたい自分像は、ときに新たな挑戦へのあと押しになりますし、しなくてよい行動を制御する判断基準にもなります。

イメージを持たず、自分が好きだと思っていることをなんとなくやる。まわりの人たちのがんばる姿を見てＳＮＳになんとなく力を入れてみる。人のリクエストに答えるアクションが続き、自分がしたいことからどんどん遠ざかっていく——。

そんな生活ではなく、自分の進んでいる道を信じて、パワフルに生きていきたくはありませんか？

あなたの「なりたい姿」は何か？

私自身は中学生のときにダンスをはじめ、世界大会で優勝するまで昇りつめることができ、ずっとダンスに関わる仕事をしてきています。

また、兄がお笑い芸人「オリエンタルラジオ」の中田敦彦という特殊な状況もあり、テレビでスポットライトを浴びることも経験しました。

一般的に見れば、「好きなことを仕事にして、成功している」類の人間になるのだと思います。

もちろんダンスは好きですし、私が歩いてきた道は人から羨ましがられることもあるかもしれません。

しかし、世界一になったときもテレビに出ていたときも、私の心にあったのは、「〝なりたい自分〟の姿にはたどりつけていない」

という感覚でした。

確かに好きなダンスはしていたけれど、理想とする自分の姿ではない。

そう、「好きなことをする」のと「なりたい自分になる」というのは、まったく別のことだったのです。

「好きなこと」だけを握りしめ、世間の声に合わせて自分を見失うのではなく、胸を張って生きるために、そして「なりたい自分」になるために必要なもの。それが**「どういう世界をつくりたいか」というビジョン**です。

私自身、何をすべきで何をすべきでないのか、いまだに判断に迷うことはありますが、「日本人を全員、踊らせる」というビジョンと照らし合わせれば、自《おの》ずと答えが出てきます。

そして、**明確なビジョンをまっすぐに目指しているから、いつも「なりたい自分」の姿でいることができている**のです。

とは言え、近頃は「自分のなりたい姿」や「実現したい世界」がない、わからないという声もよく聞こえてきます。

そこで**本書では、自分のビジョンを見つけ、それを実現し、「なりたい自分」になるために必要なことを、私自身の体験談とともにご紹介していきます。**

人は誰しも、何かを成し遂げるためにこの世に生まれてきています。

その自分だけのビジョンが明確に見えたとき、人生は輝きはじめます。

ビジョンに大きいも小さいもありません。

自分の世界のなかから、自分に合ったものを見つければいいのです。

私が経験してきたことが、あなたが自分のビジョンを見つけてパワフルに人生を歩んでいくためのきっかけになれば、幸いです。

FISHBOY

第1章

踊らされるな、みずから踊れ

第2章 人が聞いてワクワクするような体験をしろ

第3章 逆境のなかに使命がある

第4章 信用なくして成功はない

第5章 現代版「うまくいくプロジェクト」のつくり方

第6章 自分の理想を実現するための7ステップ

最終章

【対談】FISHBOY×中田敦彦

オリエンタルラジオ

編集協力　向井雅代
ブックデザイン　池上幸一

第1章

踊らされるな、みずから踊れ

「好きなことで生きていく」に振り回されていないか？

最近、少し違和感を抱いている言葉があります。

それは、

「バズらせる」


という言葉です。

インターネットで誰もが発信できる時代になり、SNSの影響力を、PR や広告のために使える力としてお金に変換できる時代になりました。

TVの芸能人とは違った、自分と同じような容姿、境遇から現れるインスタグラマー、ティックトッカー、ユーチューバーのサクセスストーリーに、多くの若者がSNSドリームを見ました。

昔のSNSは「日記」「共感」「発表」のツールという捉え方だったのに対し、いまはマーケティングという目線がかなり強めになっています。

口コミで流行ることを表す〝バズる〟を狙って起こす「バズらせる」といった言葉が日常に使われはじめたのも、その頃だったと思います。

人気のために毒を飲んではいけない

当時、私もまわりから「これからはゲームチャンネルが来る」と言われれば、深く考えず、とにかくやってみたりしました。

結果、なんとなくはじめたまま、なんとなく終わりました。

なんとなく計画を立て、なんとなく終わり、それを失敗と感じることもなく、また同じような〝バズらせ案〟のようなものが耳に届き、それを繰り返す。

そのたびに、自分の影響力の低さに少し落ち込んでいきます。

まわりのダンサーを見ても、「ああ、いま、そういう状況なのだろうな」という人はたくさんいます。

あらためていうと、私はゲームが大好きかというとそれほどでもなく、少し好きな程度です。当時の私にとっては「バズらせる」ことが目的であり、その目的が達成されれば、なんとなくいまよりいい生活になる、程度にしか捉えていませんでした。


SNSが自分の将来にとっての生活の主役にはなりえないと思っていた証拠でもありますし、そう思っていたぶん、楽して話題になれるのであれば、恥ずかしくない程度になんとなくトライしてみようと、半端な気持ちを持っていました。

当たればラッキーな宝くじを買ったり、キャンペーンに群がるような気持ちで、時間も人格も少しずつすり減っていく。そんな、

〝毒を飲み続けているような状況〟

が、いまの多くの人に起こっているように思います。

テレビに出させていただくようになって思ったこと

この気持ちの根源は、かつてテレビに出ていた時期に生まれたものでした。

世界大会で優勝したことと、さらに当時一世を風靡していた「オリエンタルラジオあっちゃんの弟」という話題性で、いくつかの番組に呼んでいただいたのですが、そこで求められたのは自分のやりたい踊りとはまるでかけ離れたもの。


テレビで踊らせてもらえること自体はありがたくもあったのですが、多くは、

「日常の動きをダンスで表現してみてよ」

というように言われて、踊ってみると、出演している芸人さんが、

「なんだよそれ〜！」

とツッコんで会場が沸く、という流れ。

それがお決まりのフォーマットのように、どの番組に出ても同じようなことをさせられ、

「こんなことがしたいわけじゃない。こんな自分は嫌だな」

と、当時の私は感じていたのでした。

ブランドのモデルに起用してもらったときも、撮影でカメラマンから求められるのは「ダンサーっぽいポーズ」でした。

自分が思うカッコいいポーズをしても、「なんか違うんだよな〜」と言われ、結局カメラマンが「ダンサーっぽい」と思う、いかにも派手な動きをさせられたのでした。

できあがった写真は、私にとっては「こんな写真、世の中に出てほしくないな……」と思うものでしたが、先方は満足そうでした。

世間には世間の思い描く勝手な「ダンサー像」ができあがっていて、こちらはそこに当てはめられるだけ。テレビや広告モデルの仕事を通して私が知ったのは、そんな現実だったのです。

そこにいた自分は、胸を張って立っていられる理想の姿ではなく、まわりのイメージによってつくり上げられた空っぽの人形でした。

「数の勝負」とは、うまくつき合おう

そのときの経験があったから、自分のYouTubeチャンネルをはじめるときには、自分が本当はどうありたいのか、人からどう見られたいのかを意識した状態であらためて考え、それに沿った動画をつくりはじめました。

私がYouTube動画を発信することで実現したかったのは、ダンサーたちの助けになるコンテンツをつくることと、ダンスで自分の思い描く世界を表現して見せることです。

コロナ禍でダンスレッスンができないときには、オンラインでのレッスンのやり方や機材の紹介をする動画をつくりました。

また、選挙のときに「投票に行こう」という私なりのメッセージを、曲づくりと振付からはじめて映像に撮り、トータルクリエイトして動画にアップしました。

こうした私がやりたいことをやった動画を見てくれて、それによって増えたフォロワー

や登録者の数は、私にとってすごく気持ちよく受け入れられるものでした。
その人たちは、私の考えに賛同してくれたと言えるからです。

イメージと覚悟が、毒を薬に変える

先ほど、自分に合わなそうな「バズらせる」方法論を〝毒〟と表現しましたが、**その毒が〝薬〟になる瞬間があります。**

先日、私は兄から「YouTubeで〝踊ってみた〟企画をやったほうがいい」と提案されました。

私はダンサーでありながら〝踊ってみた〟企画をやるのにかなりの抵抗感を持っていました。〝踊ってみた〟といえば、アニメの曲やいま流行りのJ－POPに合わせたダンスをニコニコ動画などで披露する、といったイメージだったからです。

FUNKやHIPHOPなどで踊ってきたプロの自分がそれをするということは、自分のまわりのダンサーからすれば、フォロワー欲しさにカッコよさを捨てにいく行為のように思ってしまう、まさに私にとって毒の行動でした。

ですが、あらためて私のなかで、「その行為が毒なのか」を、冷静に判断することにしてみました。

私の実現したい社会は、日本人が全員ダンサーになること。

〝踊ってみた〟は、一般の方が踊ることを楽しめる素晴らしい企画。

結果、踊りに興味を持ってくれる人が多いのではないか？

そう考えると、毒のように感じていたアクションが薬に変わったのです。

自分のビジョンと、バズらせる方法論がマッチしたときに、そのアクションは意味を持つことにあらためて気づきました。

好きなことをすることと、なりたい自分になれるかどうかは別の話です。

たとえばダンスが好きだからといって、働くことや学ぶこともなくただ踊っていて、その結果、歳を重ねたときにリスペクトもされず、お金も仕事もなく将来の不安だけを抱える姿は、本当に自分のなりたい姿ではないはずです。

好きなことを続けた結果、「こんな姿になる」というイメージを常に持っておかなければ道に迷ってしまうのです。


これはダンサーに限ったことではありません。

ジャンルは何であれ、もしいまあなたがバズらせることだけに必死になっているとしたら、一度立ち止まって考えてみてください。

数で勝負する舞台に上がるには、イメージと覚悟、それを材料とした判断力を持つ必要があります。

人の見たいものに自分を合わせにいき、ただ博打を続けたうえで時間が過ぎる……。そうならないために「好きなことをする」の先にある「なりたい自分」の姿を考えてみましょう。

コンプレックスから見つけたビジョン

私自身はいま、心からやりたいことができていて「なりたい自分」になれている実感があります。

そう思えるのは、「日本人を全員、踊らせる」というビジョンを明確に持ち、そこに向かって動けているると、胸を張って言えるからです。

ただもちろん、最初からそうだったわけではありません。自分の人生で起こる出来事に向き合っていくなかで、徐々に自分がつくりたい世界観が見えてきました。

私のビジョンの根底にあるのは、コンプレックスです。

思えば、私ががんばるときの原動力は、いつもコンプレックスのなかにありました。

いまでこそ「ダンサー」がある程度職業として認められ、夢を見て目指す子どもも増えていますが、私が10代、20代の頃、ダンサーは社会的に認められていない存在でした。

とくに私が身を置いていたのは、ストリートダンスというアンダーグラウンドな世界。大人たちから嫌われそうなファッションをして、夜の公園などで踊っている若者は「悪い子」で、どんなに必死にがんばっていても認められることはありませんでした。

日本一なのに表彰されない自分、関東5位で表彰されるヨット部のAくん

私が子ども心に「認められていない」と痛感したのは、高校1年生のときです。友人とともに出場したダンスの全国大会で、私は優勝を果たしました。日本一になったのです。

当時私が通っていた学校では、スポーツや芸術などの大会で優秀な成績を収めた生徒を、全校集会で表彰する慣習がありました。

私は「日本一になったのだから、当然、自分も全校生徒の前で表彰を受けられるだろう」と、楽しみにしていたのです。

しかし、私が日本一になった次の日の全校集会で表彰されたのは、ヨット部で関東5位

になった生徒Aくんだけ。私の名前が呼ばれることはありませんでした。

いまになって考えてみれば、正式な部活ではないダンスの大会のことなど学校の人間が知っているはずもありません。だから表彰されないのも当たり前のことなのですが、そのときの私にはそんなことわかりませんでした。

「関東5位」の彼は表彰されるのに、「日本一」になった自分のことは、誰も褒めてくれない……。ヨット部の彼に恨みがあるわけではありませんが、私は悔しくて悲しくてたまりませんでした。

学校の部活でがんばっている子たちは、その姿をまわりの人に見てもらえます。

しかし、当時まだ学校に「ダンス部」なんていうものが存在しなかったため、ダンスをする私たちは、授業が終わるとすぐに学校を出て練習に向かっていて、がんばっている姿を見てもらうことはできませんでした。

きっと、同級生たちからは「部活もせずにすぐ下校する、何をしているかわからない奴」と思われていたのでしょう。

「部活でがんばっている子たちと同じように、いや、もしかしたらそれ以上にがんばっているのに、なぜダンスをしている僕たちは認めてもらえないんだろう」

この頃から、ダンサーが置かれている状況が厳しいものであることを、なんとなく感じるようになっていきました。

そしてその違和感は、大人になるにつれてさらに大きくなっていきました。

「認められない」という違和感

私は青山学院高校に通っていたのですが、はじめて会った人に自己紹介をするとき、

「青学に通っています」

と言った場合と、

「ダンサーです」

と名乗った場合で、あきらかに相手の反応が違いました。

私という人間はどちらの肩書も持っている同じ人物なのに、名乗り方によってこんなに

も違う印象になってしまう、この違いは何なのだろうと、いつもモヤモヤしていました。

高校の同級生たちは「普通」にしながら大学へ行き、有名な会社に就職して、いいお給料をもらって、社会から認められる存在として明るい世界で生きていっているのに。ダンサーは、たとえ「日本一」であっても、どれだけ必死にがんばっていても、どこか偏見の眼差しで見られていました。

ダンスにおいても、日本一になるのは簡単なことではありません。私や私の仲間たちは寝る間も惜しみ、一流アスリート並みに自分たちを追い込んで練習しています。

野球やサッカーなどのメジャーなスポーツでプロを目指して戦っている人たちと同じように、真剣にダンスに向き合っているのです。それなのにダンスは認められない。

そんなダンサーの状況を変えて、自分も仲間もみんなに認めてもらいたいという思いが、私のなかにはずっとあったのです。

その思いの上に、さらにさまざまな経験が重なっていくことで、ビジョンはどんどん明確になっていきました。

「好きなこと」×「向いていること」で自分のフィールドを見つける

「そんなに不遇な状況が嫌だったなら、ダンスをやめればよかったじゃないか」という声が聞こえてきそうですが、私がダンスを続けてきたのには明確な理由があります。ただ単純に、ダンスが好きだったからです。

なりたい姿を考えずに好きなことだけにフォーカスするのは反対ですが、好きなことをすること自体は私も賛成です。

現代のように考え方や働き方が多様化するなかでは、やはり好きなことを追求するのは大切です。

生産人口が減少し、効率化が求められる社会で、誰かから与えられる、やりたくもないことをしているだけでは、豊かに生きていくことはできないと思うからです。

それぞれの人が自分の活躍できるフィールドを見つけ、そのなかで社会に貢献できるようなビジョンを掲げて動いていく。それをできる人間が世の中を引っ張っていく。私はそう考えています。

ただ、ビジョンを掲げて進む道は決して平坦ではありません。

いくつもの大きな壁にぶつかることでしょう。

壁にぶつかったとき、自分の気持ちを支えてくれるのはやはり「好き」という気持ちです。だから、ビジョンは自分の好きなことの先に見つけるのが大切だと思います。

それでも、

「自分の好きなことがわからない」

「自分が活躍できるフィールドをどうやって見つけたらいいかわからない」

という人のために、私がダンスの世界を自分のフィールドにしていった経緯をご紹介します。

スタートは不純な動機でもいい

私がダンスをはじめたのは中学3年生のとき。

当時は学校の部活ではサッカーをしていましたが、通学路であった東京・吉祥寺にあったロンロンというビルの前で、いわゆるブレイクダンサーと呼ばれる人たちがカッコよくグルグル回っているのを見て、

「これはモテそう……！」

と思い、興味を持ちました。

これが、私がダンスをはじめた最初の動機です。

そこから、近所の書店で見つけたダンス雑誌にポツンと載っていたダンススクールに、親に内緒で習いに行きました。

貯めていたわずかなお小遣いを握りしめ、自転車でひとり旅。

片道40分の道のりでしたが、新しいことがはじまったというワクワクした気持ちで、私は軽快に自転車を走らせました。

営業後の日焼けサロンを間借りしてレッスンがおこなわれていたそのスクールには、体格のいい大学生くらいのお兄さんたちがたくさんグルグル回っていました。

私もまさにそれがやりたいと思っていたのですが、中学生でまだ身体がヒョロヒョロだった私には、そんな大技はやらせてもらえません。

「お前はまだ腕力がないから、フットワークでもしておけ」

と言われ、足をガサゴソするステップをずっと練習させられました。

「俺もグルグル回りたかったのにな……」

そう思いながらも、私は教えてもらったステップを黙々と踏み続けました。

そして、3回ほどレッスンを受けたところでお小遣いが底を尽きたあとも、近所の公園でひとり、誰に見せるわけでもなくステップの練習を続けていました。

「得意なこと」「向いていること」は何か

高校に上がるとすぐ、私は友人からダンスレッスンに誘われました。

中学のとき、こっそりダンススクールに通っていることを唯一話していたその友人は俳優の卵で、「レッスンの一環でダンスを習わないといけない、一緒に来てほしい」と頼まれたのです。

私ともうひとりの友人にも声がかかり、3人でロックダンスのスクールに行くことになりました。

そこでレッスンを受けたとき、私はひとつの手応えを感じました。

先生がつけてくれる振りを覚えて踊るレッスンだったのですが、私は他の2人よりあきらかに覚えが早かったのです。

「自分はダンスが向いているのではないか？」と思った瞬間でした。

いま思えば、ほとんどダンスをやったことがなかった2人に比べ、私は3回程度とはいえ過去に先生から教わり、その後も自己流ですがステップの練習を続けていたのだから、友人よりも踊れるのは当たり前と言えば当たり前でした。

でも、まだ高校1年生で単純な発想だった私は、他の子よりも少し踊れたことで「向い

ている」と思い込み、そのままダンスにのめり込んでいったのです。

そして、その思い込みは、あながち間違いでもありませんでした。

その後すぐに通いはじめた別のダンススクールで出会ったひとりの男に誘われて、私はダンスの大会に出たのですが、**はじめて出場したその大会で、全国5位になることができたのです。**

部活でやっていたサッカーではとても全国を目指すようなレベルでなく、渋谷区内の大会でも大した成績を残せないような状況。そこに悔しさすら持っていなかった私には、「全国なんて選ばれた人間だけが目指せるもの」という感覚しかなかったのに、ダンスの世界ではいきなり「全国5位」。

私のなかで、世界が変わりはじめました。

「得意」×「本気」で、基準が上がる

そのときの私自身は全国5位に満足していたのですが、私を誘ってくれたチームのリー

ダーは、そうではありませんでした。
「絶対もっと上に行ける！　優勝できるんだ！」
彼が発破《はっぱ》をかけてくれ、私も本気で優勝を目指しはじめたのです。

そこから半年間、学校で授業を受けている以外のほとんどの時間をダンスに費やし、本気で練習をした私たちのチームは、本当にダンスの全国大会で優勝し、文字通り日本一になりました。

こうして、**自分がダンスのトッププレーヤーであるという認識が少しずつ芽生えてきて、ダンスが私のフィールドになっていった**のでした。

このように、**その人が活躍できるフィールドというのは、「好きなこと」と「向いていること」が掛け合わさるところに存在している**のではないかと、私は自分の経験から考えています。

「本当にやりたいこと」に向き合うために、自分の本心を見つめよう

「好きなこと」と「向いていること」の掛け合わせから自分のフィールドを見つけたとしても、ひとつの道を極めていくことや成果を出すことは簡単ではありません。進んで行くなかでは楽しいことばかりではなく、苦しいこと、つらいこともたくさんあります。

ときには、「本当にこれが自分のやりたいフィールドだったのか、自分はこのまま続けていていいのか」と疑いたくなる瞬間もやってくるものです。

ダンスをやめようと思ったこと

「ダンスをやめたくなったことはありませんか?」

という質問をよくいただきますが、私にも当然ダンスをやめたい、やめようと思ったことがありました。

それは、高校3年生のとき。

大学に進学するか否かを考えるタイミングでのことです。

高校1年生で全国制覇をしてから、私を誘ってくれたリーダーと私と、もうひとりの友人で構成された私たち3人のチームは〝コンテスト荒らし〟と呼ばれるくらい、あちこちの大会に出場しては結果を残していました。

結果を出せたのは、他のチームに比べて私たちの才能が飛び抜けていたからではありません。ひとつ言えるとしたら、練習の量と質で勝っていたのだと思います。

私たちのチームは、とにかくリーダーが厳しい人でした。

同い年だったのですが、ダンスに対する意識が非常に高く、練習では一切妥協ナシ。他人にも厳しいけれど同じくらい自分にも厳しい人で、常に上を目指して技術も磨いていたので誰も文句を言うこともできず、リーダーの言うことは絶対でした。

大会で勝って評価してもらえるのが嬉しくて続けてきたけれど、高校3年生にもなると、身体が大きく顔もちょっと強面の彼に大声で怒られながら練習を続けるのは、体力的にも精神的にもつらくなっていました。

「勝てているから楽しいだけで、自分は本当にダンスが好きなのだろうか……」

本当に自分がダンスをやりたいのかわからなくなっていた私は、進路を考えるときに、ふと別の道に進みたくなったのです。

キツイときこそ、自分が見つかるチャンス

私が通っていた高校は、そのままエスカレーター式に大学に上がれるのですが、私はその道ではなく、服飾の専門学校に行くことを希望しました。

そして、専門学校でのカリキュラムを考えると、忙しくてダンスをする時間がなくなりそうなので、ダンスはやめようと思い、それをリーダーに告げたのです。

ところが、そんな私のあまえた計画は、リーダーに一蹴《いっしゅう》されました。

「どんな状況だろうと、時間がないなんて嘘だ。時間はつくるものだろう。そんな言い訳で逃げるんじゃない」

返す言葉もありませんでした。

私自身は表面的には逃げるつもりではなく、他にやりたいことを見つけたような気持ちになっていたのですが、それは嘘であり、ただ単につらい練習から逃げようとしていたのです。リーダーはそんな私の心の奥底を一瞬で見破りました。

「自分はつらい現実から逃げるために、もっともらしい理由を繕《つくろ》っただけだった」

リーダーに指摘されて自分の弱さに気づいたとき、私は顔から火が出るくらい恥ずかしい気持ちになりました。

ただ、この言葉のおかげで、あらためて自分はダンスがやりたいし、ダンスの世界で生きていきたいと思っていることに気づくことができたのです。

私はこの後、服飾の専門学校に行くのをスパッとやめ、大学に進学して、いままで通りダンスを続けました。だから現在の私があります。

このとき厳しい指摘をくれたリーダーには、とても感謝しています。

ダンスに限らず、好きなことをしていれば、「スキルを磨きたい」「もっと上に行きたい」という気持ちが出てくるものです。

でも、上を目指すと苦しくなります。頂点に近づけば近づくほど、なおさら。その苦しさは、筋トレで身体を極限まで追い込んでいる状態に似ています。

トレーニングすれば自分をアップデートできるとわかっているけれど身体がつらい。限界からの「あと10回」をやめたくなる。ゴールが見えているのに、あきらめそうになる。

その苦しさが慢性的に続けば、逃げたくなることもあるでしょう。

でも、そんなときこそ自分を見つめるチャンスです。

「やめたい」気持ちに向き合うことで、本当にこれが自分のやりたいことなのか、が見えてくるのです。

悔しさの先に「なりたい自分」が見つかる

こうして大学生になる頃に「自分はダンスが好きなんだ」「ダンスの世界で生きていこう」と心が決まった私ですが、ダンサーとしての自分のあり方を考えるようになったのには、もうひとつこんな経験がありました。

前述の通り、高校生のときには向かうところ敵なしで、さまざまな大会で優勝していた私。ダンス界で有名になりつつある実感があり、高校生のお小遣いにするには多すぎる額の賞金も稼げていたので、正直言って調子に乗っていました。

しかしあるとき、それは自分の実力ではなかったことを思い知らされたのです。

「これまでの結果は自分の実力ではなかった」と気づいた日

大学に入ってからも、私は高校のときからの3人チームで活動していましたが、あるときリーダーが他のチームのリーダーたちと組んで「ドリームチーム」のようなメンバーで、とある大会に出ることになりました。

それは大人のダンサーが出場する、当時国内で最大のダンスコンテストで、そこで優勝すれば「正真正銘の日本一」と言われていた大会。

高校生としては日本一の自分たちでも、まだ大人に混じってここで優勝するイメージはできないなと、私自身は感じていました。

その大会に、同い年のリーダーがドリームチームで出場することになったのです。

話を聞いたとき、私は夢のようなチーム編成に興奮すると同時に、自分がいま立たされているポジションに引っかかるものを感じました。

「このチームなら、すごい結果を出せてしまうかもしれない。羨ましいと思うけれど、いまの自分がたとえこのチームに入ったとしても、役に立つようなパフォーマンスができるイメージがまったく湧かない……」

それが、自分のなかに湧いた正直な感覚でした。

リーダーたちのドリームチームは、ものすごいパフォーマンスで衝撃とともに東京大会の頂点まであっという間に駆け上がり、日本大会への出場権を獲得。

私は大阪でおこなわれた日本大会を応援しに行くことにしましたが、その胸中は複雑でした。

「仲間として純粋に彼を応援したい。でも自分以外のチームで勝ってほしくない……」

大会当日、なんとも言えない緊張感で、私は客席からリーダーたちの舞台を見つめていました。うまくいってほしいような、ほしくないような。勝ってほしいような、ほしくないような……。

しかし、そんなモヤモヤした私の心とは対照的に、彼らのパフォーマンスは圧倒的な輝きを放っていました。

自分には嫉妬することさえお門違いのような素晴らしいダンスを、目の前で見せつけられたのです。

その瞬間に私は気づいてしまいました。

いままで自分の実力だと思っていた実績は、決して自分の力でつくったものではなかったことに。リーダーがすごかったから評価されていたのであって、自分がすごいからではなかったのだということに――。

「優勝は間違いないな」と思った私の感覚通り、リーダーたちのドリームチームは文句なしの優勝。

表彰式で彼らのチーム名が呼ばれ、派手な効果音と明るすぎるライトに迎えられるリーダー。

その眩しい姿に向かって私は客席から「パチ、パチ、パチ」と3回だけ拍手を送り、すぐさま会場をあとにして、一目散に新幹線に乗って帰路につきました。

新幹線のなか、私の胸には抑えることができない悔しさがこみ上げてきました。

悔しい気持ちは、リーダーが他のチームで優勝したことに対してではありません。これまで自分の実力を勘違いして調子に乗り、リーダーの足を引っ張っていた自分自身に対してです。

自分はなんて思い上がりだったのだろう。

勘違いしていた自分が恥ずかしい。

自分は所詮、リーダーの金魚の糞《ふん》でしかなかったのか……。

結局、個の力を磨かなければならない

「もっとうまくならなければ」

悔しさの先に、私の頭に浮かんだのはそのことだけでした。

いままで「チームとして強ければそれでいい」という気持ちがどこかにありましたが、それは間違いだったのです。

一人ひとりが強くなければ意味がない。

そうでなければ、チームにとってはお荷物なだけ。

それぞれがひとりでも輝ける力があってこそ、チームとして強くなれる。

チームの一員として貢献するためには、自分に確かな実力が必要なのだ。

この日から、私の目標は明確になりました。

リーダーにくっついているだけの飾りではなく、自分ひとりでリーダーと肩を並べて立てる一人前のダンサーになるのだと。

自分自身もトップに立ち、有名になって、リーダーといつか最強の2人で最高のチームをつくることを、強く心に誓ったのです。

これが、ダンスをする先に自分のなりたい姿を見つけた、最初の経験でした。

その後、私はそれまでのようにリーダーからやらされて練習するのではなく、自分自身で自分を追い込み、死ぬ思いで練習しました。

どうすれば最短距離でうまくなれるのかを考え、練習方法も工夫しました。

みずから追い込む練習は、誰かにやらされるよりもしんどいものでした。

もっとやりたい、でも身体がついていかない……。心と身体が分離して、訳もわからず泣きながら踊り続けることもありました。

それでも、新幹線のなかで感じたあの悔しさがずっと残っていたので、モチベーションが下がることはありませんでした。

とにかく1ミリでも上へ、自分を高めたい。

いままでとは違う自分になりたい。

そればかり考えて、できることには何でも取り組みました。

「FISHBOY」の名前の由来

じつは「FISHBOY」という名前にしたのもこの時期です。

それまでは本名で活動していたのですが、もっとインパクトのある存在になって、世界を目指す覚悟を表明したいと思い、ダンサー名を変えることにしました。

「大人も子どもも、世界中の人が誰でも覚えやすい名前がいいな」

と考えて、**芸人になる前の兄がブログで書いていた小説に登場するキャラクターから、こっそり名前を拝借**したのは、ちょっとした余談ですが……。

こうして悔しさをきっかけに「なりたい姿」をイメージし、名前まで変える覚悟で必死に練習に取り組んで約2か月。私の心身は、自分でも自覚できるくらいに成長できていました。これは、私がひとつの自信を手に入れた瞬間でした。

逆境に負けないための思考法

人生はいいときばかりではありません。

たとえ「自分はこれをするために生まれてきたんだ！」と思えるような何かに出会えたとしても、それを進める過程では苦しい状況になることもあるでしょう。

実際に私の人生も山あり谷あり。とくに新しく何かをはじめるときや、いつもと違うことをしなくてはならないときには、うまくいかないことも往々にしてあります。

困難が目の前にきたとき、どう捉えるか？

困難な状況が目の前に訪れたとき、悲観して進むのをあきらめてしまう人もいるかもしれませんが、少し捉え方を変えてみてほしいのです。

ものごとは、自分の捉え方次第で見え方が変わってきます。苦しいと感じることも心持ちひとつで、楽しんで乗り越えることができるようになるのです。


そのことを私に教えてくれたのは、尊敬する先輩ダンサーでした。

地方でおこなわれた、とあるダンスイベントにその先輩と一緒に出演することになったときのことです。

イベントは大盛況でお客さんが超満員。人の熱気で湿気がたち、会場の床がツルツルになってしまっていました。

ステージに立った瞬間、あまりの床の滑り具合に「うわっ」と思った私は、先輩のほうに寄っていって、

「これじゃあ滑ってしまって、踊れないですね」

と漏らしました。

ところが、劣悪な環境にテンションを落としている私に対して先輩は、こう返してきたのです。

「**環境の違いを楽しもう！**」

そうして音楽が鳴り出すと、彼は勢いよく踊りはじめました。ツルツル滑る床を利用して、いつもより大胆に、いつもより流れるような動きで縦横無尽に舞い踊り、観客を魅了していました。

そこにあったのは、私と先輩の考え方の違いです。

環境が悪いからと言って動かずにいることもできるけれど、じつはその環境だからできるパフォーマンスもある。その環境に合ったやり方ができれば可能性は広がるし、逆境も楽しく乗り越えていけるのだと、私はこのときに学びました。

いいことも悪いことも、ひとつのストーリーである

それ以来、私は**状況が悪いときこそ「ここで楽しむにはどうしたらいいか」と考える**ようになりました。劣悪な環境に文句を言って何もしないままでいるのではなく、楽しめる

方法を見つけにいくようにしたのです。

「これが物語のはじまりなら、最高に面白い」

私が逆境に立たされたとき、楽しんで乗り越えるために頭に置いている、とっておきの考え方です。

人は、経験したことによって人生のストーリーが彩られていき、それがその人の個性になり、強みになります。どんな重厚なストーリーを持っているかが、その人の魅力になるのです。

人生を重厚にするストーリーのひとつは、間違いなく逆境を乗り越えた経験です。

映画やドラマでも、主人公の人生が順風満帆で、何の苦労もトラブルもなく、がんばったことがすべてうまくいって平和なままエンディングを迎えるストーリーなんて、面白くありません。

サラッと簡単に手に入れてしまった成功では、人の心を打たないのです。

自分が何かを成し遂げるためにまわりからの応援を得たいと思ったときには、逆境を乗り越えた経験こそが最大の武器になります。

最初はダメだったけれど、もがき苦しみながら這い上がり、苦労して成功を手に入れるというストーリーが共感を呼び、応援につながっていきます。

だから最近の私は、苦しい状況に直面したときにも、「逆境を乗り越えて成功していく最高の物語の入り口に、いま立っている」と感じ、ワクワクした気持ちになるのです。

「これが物語のはじまりだとしたら、こんなに面白いストーリーはない」と。

もちろん目の前は苦しいです。いま進めているプロジェクトのなかでも、会話がかみ合わない人がいたり、予期せぬトラブルが起こったり、力量不足や孤独を感じて精神的に落ち込むこともあります。

でも成功したときに、このつらかった経験が最高のスパイスになると思うと、苦しみながらもどこかワクワクしているもうひとりの自分に出会うことができるのです。

好きなことを続けた「先」をイメージする

誰かに踊らされているような人生を送るのではなく、みずからの力で踊っているような生き方をする。そのための鍵は、**好きなことを続けた結果どうなりたいのかという姿を、どれだけ明確に描けているか**です。

バズることだけを追いかけても、その先にあるのは誰かに踊らされる未来です。多くの人が喜ぶことをするのを否定はしませんが、その先の自分に意識を向けることのほうが大切であると、私は考えています。

必要なのは、イメージです。

自分が未来に「こうなりたい」という姿は、自分の頭で思い浮かべなければ、誰も用意してくれません。

たとえ誰かが「こんな姿がいいんじゃない？」と提案してくれたとしても、自分自身がそれを望まないのであれば、それはあなたが目指すものではないのです。

自分自身の頭で考えて考えて、イメージしていく。何がやりたいかではなく、どんな自分になりたいのかを、できる限り鮮明に思い描く。

そうして、明確になった「なりたい姿」にコミットして、そこに近づくために行動していく。私はそうやって人生を前に進めてきました。

理想を描き、そこまでのギャップを埋めていく

この方法は、じつはダンスの練習のやり方と同じです。

ダンスの練習をするときも、まず理想としてはどんなふうに踊りたいかを頭のなかでイメージをします。

いまの自分が実際にその動きをできるかどうかではなく、「こんなふうに動けたらいいな」という理想像をできるだけ鮮明に思い描くのです。

そして、いまの自分の踊りから、理想までのギャップを埋めるために練習します。

理想の姿がなければ、どこをどうトレーニングすればいいのか、どの技術を向上させればいいのかがわからず、結果としてぼんやりとしたものしかできあがりません。

理想の姿というのは、自分が表現したいことのメッセージなので、やはりそれがないと、みずから踊っている感じにはならないのです。

最初の頃は、自分に近い人のなかから「こんな感じになりたいな」という人を見つけて、イメージを設定するのもいいでしょう。

少し前を行く人生の先輩の姿をお手本にして追いかけ、同じ道を歩けるのは、あとから歩く者の特権です。

しかし、一定のところまで来たらその先は、自分で行く道を見つけなくてはなりません。その人とあなたは、もしかしたら似ているかもしれませんが、まったく同じ人間ではないからです。

他の誰でもない「あなた」という人間は何がしたくて、どうなりたいのか。

どんな自分が「自分らしい」のか。

どんなふうに表現すれば、まわりに伝わるのか。

そんなことを日々考え、思い描いて行動して、追いついて、また思い描いて行動して……。みずから踊る人生とは、そんな作業を繰り返していくことで実現されていくのです。

第2章

人が聞いて
ワクワクするような
体験をしろ

「ワクワク」こそが味方を増やす

なりたい姿を明確にするということは、実現したい理想の世界を思い描くことにつながります。自分はどんな世界を構築する人間であるかを決め、自分自身がまずそのように振る舞うことになるからです。

「実現したい理想の世界」を見つけ、それを叶えるために進んでいこうとするときには、仲間が必要になります。

世界をつくるのはひとりではできません。多くの人を巻き込み、協力してもらわなくてはならなくなります。

とくに最初の頃は、自分の話に深く共感してくれる濃い仲間の応援が力になるので、そういう人たちを集められる自分でいることが大切になります。

「ナンバー1」であることに、それほど執着しなくていい時代になった

では、どういう自分であれば濃い仲間を惹きつけることができるのでしょうか。

強く人々を惹きつけるもの。

それは、かつては「ナンバー1」という称号だったように思います。

私もさまざまな世代の人と接する機会がありますが、実際に30代以上の大人たちはナンバー1が大好きです。「何位になった」とか、「何百万売れたのか」とか、数や順位でものごとを評価し、力が強いものに引き寄せられていきます。

しかし、いまの10代や20代は少し様子が違います。

彼らは「すでにナンバー1であるもの」にあまり興味を示しません。メディアの形が変わり、誰もがみんな共通して見ている媒体がなくなって好みが多様化するなか、「ナンバー1」は以前ほど通じなくなってきていると感じます。

インターネットが当たり前に存在し、SNSなどで「いいね！」を押すことが日常にな

っている彼らの世界は、自分たちの「いいね！」を積み重ねることでヒーローをつくり上げる構造になっています。

外からの情報で「ナンバー1」を押しつけられるのではなく、自分たちが認めた「オンリー1」のものを勝たせていく。それがいまの若者たちがつくっていく社会なのです。

人とは違うワクワクを見せられるか？

それを考えると、**これからの時代に人を惹きつけるための武器となるのは、「ナンバー1」などの称号ではなく、人々が聞いてワクワクするような経験を持っているか**どうかだと私は考えています。人とは違う面白い経験値が必要になってくるのです。

現在、日本最大のオンラインサロンを運営されているキングコング西野亮廣さんの例を見てみると、わかりやすいのではないでしょうか。

いまでこそ「日本最大」と、数の力も持っている西野さんですが、もともとは大バッシングのなかをひとりテレビの世界から飛び出したのです。

ナンバー1であるどころか、ほとんど誰にも理解されていないところからのスタート。

でもそこで自分しか持っていない考えを語り、自分しか経験したことのないエピソードを語り、その上でワクワクするようなビジョンを示したことで、熱狂的に西野さんを支持する人が現れはじめます。

そして、その輪がどんどん広がっていき、いまや日本最大のコミュニティとなり、かつての悪評をすべて覆《くつがえ》すほどの結果を出して世界を変えていっています。

これからの時代に、理想の世界を実現するために必要なプロセスは、こういうことだと思うのです。

誰かと競ってナンバー1を獲る必要はありません。それよりも、「面白い」「オンリー1である」と思ってもらえる話をどれだけ持っているかが重要です。

人をワクワクさせる話を持っている人のまわりには、他のワクワクした話が集まってきます。ワクワクする話を持っている人たち同士がお互いをワクワクさせて、社会をつくっていきます。

だから経験値を上げることは、実現したい未来の味方を増やすプロセスとなるのです。

「たくさんいるナンバー1」より、オンリー1を目指そう

ナンバー1よりオンリー1。そう言うとナンバー1には価値がないから目指しても意味がないのか、と思う人もいるかもしれませんが、それは違います。

確かにナンバー1の称号自体の価値は、以前に比べると低くなっているでしょう。ただ、ナンバー1を目指す過程で得た経験は大きな価値になります。

なぜなら、実際にナンバー1という高みにたどりつけるのは限られた人間なので、そこで見た景色はオンリー1のものになるからです。

どんな世界においても、上の層に行けば行くほど人数は少なくなります。ナンバー1はオンリー1にもっとも近い位置なのです。だから上を目指すこと自体が、人と違う、ワクワクする経験になります。

それを語るために、ナンバー1を目指すのは価値があることだと私は思います。

「ナンバー1」も、結局、その他大勢になる

しかし、ナンバー1は、ループすればオンリー1でなくなることを知っておかなければ、落とし穴にはまってしまいます。

私は以前、ダンスの世界大会で優勝し、ありがたいことに頂点の景色を見た存在になりました。「世界大会での優勝」は、ひとつの「ナンバー1」であることに間違いはありませんが、**このナンバー1はループします。**

大会は毎年おこなわれているので、毎年新しいナンバー1が生まれているのです。

その年に優勝したのが自分だっただけの話で、その前に優勝した人とも、そのあとに優勝した人とも、してきた練習や優勝後にたどる道に、おそらく大きな違いはなかったでしょう。

「ダンスの世界大会で優勝」という称号には、その道のレールが用意されています。

優勝するとダンス界では名前が通るようになり、国内の企業からモデルなどのオファーが入るようになったり、イベント出演料の額が増えたり、海外のワークショップに呼ばれ

るようになったり。歴代の優勝者たちを見れば、みんなそのレールに沿って歩いて行っていました。

ここで気をつけなければならないのは、用意されたレールの上をただ歩いているだけでは、結局ナンバー1の価値を下げることになってしまうということです。他の人と同じレールを歩く人生では、魅力的とは言えないのです。

そうならないためには、そのレールをどう捉え、どのような意識で立ち向かっていくのか、自分の意思で考えて実行していくことが大切であると思います。

同じレールの上を歩くにしても、歩き方には個性を出すことができ、それがオンリー1になっていくからです。

「用意された正解のルート」を、あえて外れる

歩き方に正解・不正解はありませんが、私にとってはそのレールの上を行くこと自体がもう、それほど魅力的には感じられませんでした。

ナンバー1になった先の未来に、魅力を感じられなかったのです。

だからこそ私は、ナンバー1がもっと魅力的になるように、ナンバー1になった上でレールからあえて外れ、違う道に挑戦することを決めました。

勝つことにコミットし、ダンスを極めようとする人たちの先頭に立って背中を見せる役割を担うのではなく、ダンスのことをまったく知らない人たちにダンスの魅力を伝えるというフィールドに、戦いの場所を変えたのです。


「世界大会の優勝」。

それ自体はオンリー1ではありません。でも、ナンバー1になった上での人生の歩み方はオンリー1と言えるはずで、そこが自分自身の魅力になるよう努力を続けています。

結局、大事なのは人をワクワクさせられるような経験であり、そのひとつとしてナンバー1があるということです。**ナンバー1でも、誰もワクワクしないようなものなら意味がありません。**

ループするナンバー1よりも、人が聞いてワクワクするようなオンリー1の体験を探す。

その積み重ねが、あなたを魅力的な人間にしてくれるでしょう。

忘れられない一期一会

人が聞いてワクワクするような体験とは、いったいどんなものなのか。

ここでひとつ、私が子どもたちの前でよく語る話をご紹介します。


私は学校などにダンスを教えに行く機会もあるのですが、子どもたちに、

「ダンスをやっていてよかったと思うのはどんなことですか？」

という質問を受けることがあります。

そのときに話すのが、「SDK＝ストリート・ダンス・キャンプ」という、チェコで開催されるダンスイベントでの体験です。

山奥にさまざまな国のダンサーが集まり、約1週間かけておこなわれるこのイベント。ロシア人やポーランド人、ベトナム人、韓国人、フランス人、そして日本人など、言葉も

習慣も文化も異なる人たちが毎日ダンスを教え合ったり、ダンスバトルをしたり。さらに毎晩パーティを繰り広げ、ともに時間を過ごします。

言葉を超えたコミュニケーション

2011年に講師として呼ばれ、その場に参加しました。

私は、英語がそんなに話せません。海外のイベントやワークショップに呼んでもらうこともあり、英語圏に数日滞在していれば、必要に迫られて多少理解できるようにはなるものの、流暢に話せるほどでは到底ありません。

このイベントのときも、他の国の人と言葉で上手に会話ができる感じではありませんでした。しかし、コミュニケーションを取るのは、そんなに難しいことではなかったのです。

それはなぜか。

ダンスというツールがあったからです。

言葉が通じなくても、私たちはダンスで挨拶をし、ダンスで語り、ダンスを通して心を通わせることができていました。

毎晩、食べ物や飲み物を囲みながら、楽しさを共有して笑い合えたり。

街のなかを歩いていたら絶対に声なんてかけられないような金髪のキレイなお姉さんとも、湖の前でペアを組んで踊ったり。

どんな人からも、踊りを魅せることでリスペクトされるようなことが起きていたのです。

「体験」を共有しよう

実際に、このときともに過ごした人たちとは濃いつながりができ、いまでも交流は続いています。なかにはその国の結婚式に呼んでくれた人もいました。それだけ「一緒に踊る」とは、深いコミュニケーションになるということなのです。

これこそが、私がダンスをやっていて喜びに感じているところです。

私は子どもたちに、こんなふうに話します。

英語が話せるようになることは大切です。海外から旅行に来ている外国人に突然道を訊かれたとき、英語で答えてあげられれば、役に立つことができます。それも素晴らしいことです。

ただ、言語でのコミュニケーションだけでは、多くの場合、情報のやり取りで終わってしまいます。

日本に遊びに来た外国人が飛行機に乗って帰るとき、そこで道を尋ねて会話したことを「旅行の思い出」として思い出すでしょうか。それが単なる情報のやり取りにすぎなかった場合、きっと多くの人は思い出さないでしょう。

しかしこれが、「一緒に踊った」という体験ならどうでしょう。

踊るという行為には、感情が伴います。ダンスはもともと感情を表現する手段のひとつだからです。つまり、一緒に踊ることで「楽しい」「嬉しい」などの感情のコミュニケーションが起こります。

感情のコミュニケーションができると、情報だけのやり取りをするよりも、人と人とのつながりはより濃くなります。密な関係を築くことができるのです。

出来事に感情が伴うと、その瞬間は記憶に残りやすくもなります。

だからもし、言葉の通じない人同士でも一緒に踊る時間を共有できたら、きっとそのシーンは思い出すどころか、むしろ忘れることはできないものになるのではないか、と思うのです。

「ダンスには、言葉が通じなくても楽しくコミュニケーションを取れる力がある。ダンスができたら世界中に友だちをつくることができる。だからみんなダンスをしよう！」

こう言うと、子どもたちは瞳をキラキラさせて「やりたい！」と言ってくれます。一緒に聞いている大人たちも「そんな世界があるの!?」「金髪の美女とはその後どうなったの?」など、いろいろな角度から興味を持ってくれます。

このように、人をちょっとワクワクさせられる体験を話すことができれば、興味の輪を広げていくことができるようになります。

すべてを懸けて掴んだ世界一

私が自分の「オンリー1」の経験として持っているもうひとつの話が、ダンスの大会で世界一になったときのエピソードです。

2009年、**「Juste Debout」**というストリートダンスの世界大会で、ある先輩とペアを組んで優勝できた裏側には、こんなストーリーがありました。

ちなみに「Juste Debout」は2002年にフランスの伝説的ダンサーの手によってはじまった大会。**約4万人の観客を動員し、テレビ中継もされるなど規模が大きく、テニスにたとえるなら「ウィンブルドン」のような、世界中のダンサーたちが結果に注視する存在**です。

試合は2人組のチーム対抗でおこなわれる「2 on 2」という形式で、各国の予選を勝ち抜いた選りすぐりのダンサーたちが、フランスでおこなわれる本戦で激しい戦いを繰り広げます。

日本では2007年から予選大会がスタートし、私たちも最初の年から参加して、ベスト8くらいの成績を収めていました。

2009年に3度目の挑戦をしたときも、私たちの予選の結果は準決勝止まり。勝ち抜いてフランス本戦への切符を手にしたのは、私も高校生のときから親交があった、ダンス界のヒーロー的存在の先輩ペアでした。

勝てないのは悔しいけれど、先輩の踊りを見れば自分との差は歴然。もっと練習して技術を磨き、また来年挑戦しよう。

そう思って日常に戻っていたある日、突然一本の電話がかかってきました。

運命を変えた一本の電話

その日は講師を務めていた大学生ダンス連盟のイベントのリハーサルで、私は東京・新木場の夢の島にいました。

お昼前、会場に向かって駅からひとりで歩いていると、携帯電話が鳴りました。「Juste Debout」の日本予選で優勝した先輩からでした。

「もしもし、どうしたんですか？」

通話ボタンを押して電話に出ると、電話の向こうから先輩の静かな声が聞こえます。

「ちょっと話があるんだけど、いま大丈夫？」

「はい」

なんだろうと思いつつ私が短く返事をすると、先輩はこう続けました。

「Juste Deboutの本戦なんだけど、相方が都合で出られなくなってしまって。お前、アイツのかわりに俺と一緒に出てくれないか？　お前に出てもらいたいんだ」

思いもかけないオファーに、私は思わず立ち止まり、一瞬言葉を失いました。

「……」

いろいろなことが、高速回転で頭をかけ巡ります。

尊敬する先輩が大事な大事な大会に出るのに、自分を誘ってくれている。こんな光栄で嬉しい話はありません。

でも、予選のときとパートナーが変わると、予選の優勝で得た本戦出場の権利は無効にされてしまいます。つまり本戦の舞台に立つためには、フランスでおこなわれる一発勝負の前日予選に出て、勝ち抜くしかありません。先輩は、そこに一緒に挑戦しようと私を誘っているのです。

もし前日予選を通過できなければ、フランスまで自腹で行き、トンボ帰りしなければならない。何より先輩に恥をかかせてしまう。そんな最悪な状況にもなりかねません。

パリでの大会がおこなわれるまであと1か月。

果たして自分がこの依頼を受けて、ただ足を引っ張ることにならないのだろうか。

「……」

考えて黙り込んだのは、10秒ほどだったでしょうか。

不安と迷いが顔を覗かせて、ネガティブなことも頭をよぎりましたが、次の瞬間、私の心は決まりました。

「やります。お願いします！」

1か月あれば、自分を変えられる

もちろん、そのときの自分で勝てる自信があったわけではありません。

ただ私は知っていたのです。たった1か月でも集中して死ぬ気でやれば、確実に力を伸ばすことができるのだと。

かつて同じチームのリーダーが別のチームを組んで優勝したとき、悔しくて悔しくて、必死に練習し、短期間で確実に変われたという経験があったから。

私は再び自分を追い込むことで、また新しい自分に出会える可能性に、賭けてみたくなったのです。

「わかった。じゃあ明日から練習しよう」

先輩はそう言って電話を切りました。

次の日から私は本当に、寝る間も惜しんでの猛特訓を開始しました。

予選優勝者である先輩に恥をかかせるようなパフォーマンスはできないというプレッシャー。その先輩を日帰りにさせるわけにいかないというプレッシャー。

さまざまな重圧がのしかかってきて苦しくはありましたが、追い込めばまた変身できるという自分への期待もあり、ひたすらに前を向いてがんばることができました。

先輩と練習できない日も、ひとりで夜中まで踊り続け、1ミリでも先輩のダンスに近づけるように努力しました。

理想の動きを頭のなかでイメージし、こまかくその軌道に近づけていく。

身体が悲鳴を上げたところからが勝負だと思い、足も手も動かなくなるほどまで、自分に負荷をかけ続けたのでした。

そうして1か月が経つときには、どこか「いけるんじゃないか」という手応えを感じることができるようになっていました。

究極の一発勝負。世界を獲った瞬間

それでもいよいよ決戦の日を迎えると、フランスへ向かう飛行機のなかでは、再び大きなプレッシャーが襲ってきました。

世界各国から約100チームが集まってくる予選は、オーディション形式でおこなわれ、各チームの持ち時間は約1分。その1分のために数十万円の渡航費を払い、何時間もかけてフランスまで行くのです。

フランスまでの渡航費は当時の私にとってはかなりの大金です。そこまでして行って、予選で負けたら何も残らないのに……本当に大丈夫だろうか。

そんな不安な気持ちを抱えてほとんど眠れないまま、私は会場に入りました。


しかし予選がはじまると、猛特訓の成果なのか、自信がみなぎってきて「これはいけそうだ！」と思えたのです。


その感覚は間違ってはいませんでした。

私たちは見事に前日予選を勝ち抜き、翌日の本戦出場権を獲得。さらに本戦でも勢いそのままに、どんどんトーナメントを勝ち進み、ついに決勝戦の舞台に立ちました。


フランス最大級の競技場の中央につくられた円形のステージ。

３６０度埋め尽くされた、数万人の観客。

テレビ局のカメラたち。

最高の舞台で、私はその開放的な空間の気持ちよさに酔いしれつつ、審査員に「魅せる」ことも冷静に考えながら、精一杯、身体を動かしました。

曲が終わって審査員たちが立ち上がり、いよいよジャッジのとき。

判定の旗が私たちのほうに上がり、名前を呼ばれた瞬間のことは、いまでも鮮明に覚えています。

私は先輩と抱き合いました。信じられない気持ちでした。

勝てたという嬉しさと、先輩の顔に泥を塗らずに済んだという安堵。そして、「何かが変わる」と思えた高揚感。さまざまな感情があふれて、胸が熱くなりました。

響き渡る大きな歓声と拍手。ステージに上がってきて祝福してくれる人々。

それは夢のような時間であり、このとき見えた光景は、ナンバー1になった者だけが見られる特別なものだったと思います。

これが、私が世界大会で優勝を掴んだときのストーリーです。

世界タイトルを獲ったということが「エライ」とか「すごい」とか言いたいのでは決してありません。

前述したように、私たちが優勝した翌年以降も大会は続いていて、毎年誰かが「優勝」という称号を手にしていることを思えば、「世界一」自体は別に自分だけに起きていることではなく、そんなに価値があることとは考えていません。

でもこの年、予選敗退からさまざまなドラマがあって頂点までたどりついた、このストーリーは私だけのオンリー1の経験です。

本当に価値があり、人々の心を打つのは、称号ではなくストーリーのほうであると私は思います。共感してもらえるようなストーリーを持っていることで、仲間が増えていくのです。

「何もない」もストーリーのひとつ

私が世界の頂点を目指して戦った話や、ダンスで世界中に友だちをつくった話をすると、

「それは特別な経験であって、誰にでもできるものではない。自分にはそんな特別な経験はないし、突出した才能もない」

と言う人がいます。

「語れるような経験がない」だけでなく、「そもそもやりたいことがない。自分がワクワクすることが何なのかさえわからない」という人に出会うこともめずらしくありません。

確かに、私がしてきた経験はまわりの人から見れば、少しめずらしいものに見えるかも

しれません。自分のストーリーとして語るときに、わかりやすいネタだとは思います。

私のような一見派手な経験と比べると、「自分は平凡にしか生きていない」と感じてしまう人もいるかもしれません。

しかし、それぞれのストーリーは必ずしも派手な実績である必要はないのです。

「何もない」と思っている人も、きっと他人から見たらめずらしい経験を何かしらしているはずですし、自分では大したことがないと思っている経験が、じつは唯一無二のものである可能性もあります。

現実を、どう面白いストーリーにするか

仮に本当に何もなかったとしても、それならば「何もない」ということ自体が面白いストーリーになると、私は思っています。

もちろん「何もない」とへそを曲げて、そのまま終わってしまってはいけませんが、**たとえいま何も持っていなかったとしても、そこから何かに向かって一歩でも二歩でも進むことができたなら、「何もないところから足を踏み出せた経験」が、あなただけの魅力的**

なストーリーになります。

いまがどんな状態であっても、そこから自分のストーリーをつくっていくためには、日々感じていることをきちんと残しておくことが大切です。

同じことを繰り返す毎日に起きていること。
今日失敗して凹んだエピソード。
何か違うとモヤモヤしている気持ち。
何もできないとくすぶっている心——。

そんな、いまは表に出したくないと感じていることも、自分次第で宝物の経験に変えていくことができます。

「何もない経験」をそのまま腐らせるのか、面白く色をつけるのかは、あなたが選んでいけるのです。

お笑い芸人さんがテレビで面白いエピソードが話せるのは、彼らのまわりにだけ特別なことが起こっているからではありません。

誰にでも起きるような日常のちょっとした出来事を、常に「人前でどう話したら面白くなるか」という視点で見ているからです。

芸人さんのように、テレビや舞台などの発表する場があるわけでなくても、アウトプットを前提に自分の日常をストーリーの一部と捉える視点を持っていれば、すべての経験が個性となってあなたを彩ってくれることでしょう。

最初は誰かのマネでもいい、失敗したっていい

いま持っている経験に、さらにどんな経験をプラスさせていくのか、ストーリーをどこへ向かわせていくのかを見つけるためには、やはり、自分の「なりたい姿」を明確にしていく必要があります。

とは言え、急に大きな夢を持たなくてはいけないわけではありません。

ワクワクが見つからなくても仕方ありません。

まずは、身のまわりのことからでいいので、なりたい姿をイメージしてみましょう。

たとえば1年後、あなたはどんな服を着て、どんなものを食べて、どこに住んで、どんな人と話していたいですか？

いまの生活の延長線上ではなく、どんな未来も叶えることができるとしたら、どんな自分でいたいですか？


それを、できるだけ明確に思い浮かべてみてください。

最初は誰かをお手本にするのもいいでしょう。

「あの人のこんなところ素敵だな」「あの人みたいになりたいな」という人を見つけて、自分と照らし合わせてみると、いまの自分に足りないものに気づけるはずです。

そして、そのギャップを埋めるために行動する。

近づけそうな要素を取り入れてみて、自分に合っているか確認する。

その繰り返しです。

最初から鮮明にイメージできないのなら、ぼんやりでいいので、少しずつ行動してすり合わせ、ピントを合わせるように自分のなりたい姿を明確にしていくのです。

やりはじめたらからと言って、それを全うしなければならないわけではありません。イメージしてやってみて、違ったら次。それでいいのです。

「違う」ということも、やってみなければわかりません。小さなことからでいいので、まずアクションを起こすことが重要なのです。

1日でやめることがあっても構いません。日々プランを描いて、アクションを起こし、自分にとって合っていたのか違ったのかを照らし合わせていく。

その積み重ねが、気づいたらあなたの唯一無二のストーリーになっているのです。

第3章

逆境のなかに使命がある

世界一になっても何も変わらなかった

ダンスの世界大会で優勝を手にした夜、私は興奮していて、まわりの景色が違って見えていました。
ステージを降りてからも海外の人たちが声をかけてきてくれます。写真を撮られたり、連絡先を交換してほしいと言われたり。何人かとはメッセージのやり取りをして、早速海外のワークショップに呼んでくれるという話も決まりつつありました。

「ダンスで世界中を回れるなんて、すごいことだ！　これは大変なことになったぞ」

帰りの飛行機のなかでも、私の興奮は冷めることはありませんでした。
ずっと優勝が決まったステージ上のテンションのまま、きっと日本のみんなも喜んで待っていてくれるに違いないと、信じて疑っていませんでした。

これまで日本ではダンス業界はあまり注目されてこなかったけれど、これで流れが変わるに違いない。「世界一」なんだから、日本の人たちも興奮してるだろうし、ダンスに対する一般の人の目も変わるだろう。

そんなことを考えながら機内ではずっと、「空港に降りたらたくさんの人たちが待っていて祝福してくれ、記者に写真を撮られて、インタビューをされる」という景色をイメージしてニヤニヤしていました。

「記者会見とかあるのかな？　何を話せばいいだろう」

着陸が近づくにつれ、心地よい緊張感が襲ってくるほどでした。

「よし、今日から世界が変わるぞ！」

着陸すると私は高まる気持ちを抑えられず、足早に通路を進みました。

降りたった空港には、誰もいなかった

ところが、私たちを出迎えてくれる人は、ひとりもいなかったのです。

「あれ、ここじゃないのかな？」

機内に持ち込んでいた小さな荷物を抱え、さらに動く歩道に乗って進みます。

「あ、荷物を受け取ってからだっけ？」

そう思いながら手荷物を受け取り、いよいよ到着ゲートを通り抜けましたが、そこにも私たちを待っている人は誰もいません。

「あれ、ここでもないのかな？　どこかな？」

郵便はがき

162-0816

恐れ入ります
切手を
お貼りください

東京都新宿区白銀町１番１３号

きずな出版 編集部 行

フリガナ

お名前　　　　　　　　　　男性／女性
　　　　　　　　　　　　　未婚／既婚

(〒　　　-　　　　)
ご住所

ご職業

年齢　　10代　20代　30代　40代　50代　60代　70代～

E-mail

※きずな出版からのお知らせをご希望の方は是非ご記入ください。

愛読者カード

ご購読ありがとうございます。今後の出版企画の参考とさせていただきますので、アンケートにご協力をお願いいたします（きずな出版サイトでも受付中です）。

[1] ご購入いただいた本のタイトル

[2] この本をどこでお知りになりましたか？

1. 書店の店頭　　2. 紹介記事（媒体名：　　　　　　　　　　　　）
3. 広告（新聞／雑誌／インターネット：媒体名　　　　　　　　　　）
4. 友人・知人からの勧め　　5.その他（　　　　　　　　　　　　）

[3] どちらの書店でお買い求めいただきましたか？

[4] ご購入いただいた動機をお聞かせください。

1. 著者が好きだから　　2. タイトルに惹かれたから
3. 装丁がよかったから　　4. 興味のある内容だから
5. 友人・知人に勧められたから
6. 広告を見て気になったから
（新聞／雑誌／インターネット：媒体名　　　　　　　　　　）

[5] 最近、読んでおもしろかった本をお聞かせください。

[6] 今後、読んでみたい本の著者やテーマがあればお聞かせください。

[7] 本書をお読みになったご意見、ご感想をお聞かせください。
（お寄せいただいたご感想は、新聞広告や紹介記事等で使わせていただく場合がございます）

ご協力ありがとうございました。

さっきまでの興奮が一気に不安に変わっていきました。

思い描いていた帰国のイメージとのあまりの差に、頭が軽くパニックになります。

「あれ？」と思いながら通路を歩き、エスカレーターを降り、また歩いて、気づけば私は誰に声をかけられることもないまま、京急電車に乗っていました。

大会に向かうときに乗ってきた電車に、帰りもまた同じように、ひとり静かに揺られていたのです。それは、出国する前と何ひとつ変わらない日常でした。

期待していた世界とまったく違う現実が訪れたことを、ようやく理解しはじめた私の心には、大きな虚しさが襲ってきました。

なぜ、トップを獲っても状況が変わらないのか？

「昨日、世界一になってあんなに脚光を浴びていたのに、なぜ自分はいま、こんなふうに荷物を持って、ひとりでいつも通り電車に揺られているんだろう……」

1日前とのギャップの大きさに、その状況が不思議議にも感じられました。世界タイトルを獲ったというのはまぎれもない事実なのに、空港で出迎えてくれる人はひとりもいないというのが現実でした。

そういえば、同じ世界大会で前年に優勝したのも日本人で、交流のある先輩たちのチームだったのですが、彼らが帰国したとき大騒ぎになったという話を聞いたことはありませんでした。それを考えると、この現実は想像がついたはずなのに、若くて世の中のことなど無頓着だった私には何も見えていませんでした。

「世界大会で優勝した」ということで、メディアが当たり前に注目してくれると思っていたのです。

野球やサッカーなどのメジャースポーツなら、大勢のファンや記者たちが詰めかけているのに、この違いはなんなんだろう。そもそもメジャースポーツは、なぜメディアが来るのだろう……。

私はひとりきりの電車のなかで、車窓に流れる景色を眺めながら、この悲しき状況の原因について考えはじめました。

興味は「つくっていく」もの

世界大会を終えて凱旋帰国のはずなのに、空港には取材の影がまったくない現実。これが野球やサッカーなら、大勢の報道陣が空港に詰めかけ、そのまま記者会見がおこなわれたりするのに、なぜダンスには誰も注目してくれないんだろう。

テレビや新聞で大きく取り上げられるメジャーなスポーツとダンスは何が違うのか。それを考えたとき私は、ひとつのシンプルな答えにたどり着きました。

「そうか、誰もダンスに興味がないからか」

メディアは「強いから取材してくれる」のではなく、**「みんなが興味を持っているから取材して報道するのだ」**ということに、私はこのときはじめて気づいたのです。

誰もダンスに興味がないから、取材にも来ない。

私は自分で出した答えに、電車のなかで妙に納得していました。それと同時に、悲しい気持ちにもなりました。

世界一になるために必死にがんばってきました。他のメジャーなスポーツの人たちと同じくらいがんばってきた自負はあります。それなのに、人の興味によって扱われ方が違うのです。

それが不平等だとは思いませんでしたが、興味を持って取材してもらえるポジションを得るにはどういう動きをすればいいのだろうと、私は知りたくなりました。

メディアは〝興味製造機〟ではなく〝興味増幅機〟です。人に興味を持ってもらえるような何らかのアクションを起こさなければなりません。

私も後輩ダンサーから、

「テレビに出たら興味を持ってもらえるから、出たいんです！　どうにかして出られませんか？」

と相談を受けることがありますが、じつはこれは順番が逆です。

テレビに出たら興味を持たれるのではなく、興味を持ってもらえたらテレビに出られる。

これが実際のところであると私は思っています。

一度興味が集まった上でテレビがやってきて、また興味が膨らんでいくというシナジーはありますが、最初の「興味」がなければ、何も起こらないのが現実です。

空港からの帰り道に「なぜダンスだけが注目してもらえないのか」と考えていましたが、まわりを見渡してみると、じつは同じような境遇にいる人たちはたくさんいました。世界レベルで見てもすごく強いのに、まったく報じられていないスポーツが、私たちのまわりにはいくつも存在していたのです。

フェンシングに学ぶ、興味の惹きつけ方

そんななかで、人々の興味をつくるため戦略的に動いている人たちがいることも知りました。「フェンシング」がそのひとつです。

私は同い年という縁もあり、オリンピックで銀メダルを獲得した太田雄貴さんと親しく

させてもらうようになって、フェンシング界の話を教えてもらう機会に恵まれました。

フェンシングももともとマイナースポーツで、本当に興味を持っている人が少ない状態でした。約4000人を収容できる駒沢体育館に、観客はぽつんぽつんと数えるほど。それが世界大会の決勝戦。そんな景色もめずらしくはなかったといいます。

そのような集客状況でも運営は成り立っていたようですが、これではプレーヤーのモチベーションにつながらないということで、太田さんが日本フェンシング協会の会長に就任してから大改革をはじめました。

PR部隊を置き、見ている人に楽しんでもらえることを考えると同時に、メディアが興味を持ちそうな文章や写真をストック。魅せられるストーリーを用意して、的確なタイミングでそれを出す。そんな地道な努力をおこなっていることを教えてもらいました。

「価値をわからせる」という努力

思えばダンス界では、そうした動きは非常に少ないものでした。

もしかしたら私の知らないところで誰かがやっていたのかもしれませんが、結果だけを見れば、それはまだうまくいっていなかったと言えるでしょう。

「ダンスでも、人々の興味をつくる努力をしなくては……」

いつしか私の心には、そんな使命感が芽生えていました。

いまのままでは「世界一」という称号がものすごく小さく見えると、私は身をもって体験したのです。いまの「ダンス世界一」は、日常でさらっと流れていってしまう程度のものであると――。

それでは私自身も虚しいですし、若いダンサーもこれからダンスの道で生きていこうとしている子どもたちも、みんな夢が持てないと思いました。

もちろん「ダンス世界一」には他のスポーツと同様の価値がありますし、ダンスをしている人たちにとっては輝かしい称号です。その価値を一般のみんなにわかってもらえないのは、もったいないし悔しい。

この想いがこのあと、私の壮大なビジョンを生み出すことにつながっていきます。

日本人を全員、踊らせる

みんなに、ダンスに興味を持ってもらうにはどうしたらいいか。

私は、日本人の多くがダンスに興味を持った世界をイメージしてみました。

前述しましたが、理想の世界をまず頭のなかでイメージするというのは、ダンスの練習をするときと同じで、気づけば私が他のことを考えるときにも採用している思考法です。

ダンスをするときは、理想の動きができている自分の姿。

やりたいことが浮かんだときは、それが実現されたときの理想的な世界。

それらをできる限り鮮明に、頭に思い描き、そこに実際の動きを重ね合わせていくのです。

みんながダンサーなら、強制的に人気が集まる

そうして私がイメージした「みんながダンスに興味を持っている世界」というのは、「みんながダンサーである世界」でした。

みんながダンサーであれば、自ずとみんなダンスに興味を持つ。みんながダンスに興味を持ってくれれば、ダンスの価値が高まり、いいダンサーのすごさがわかり、正しく評価してもらえる。それが、私が導き出した結論でした。

他のスポーツを見てみても、人気があり人々の興味が集まるのは、競技人口が多いジャンルです。世界中でサッカーが愛されているのは、サッカーの競技人口が多いからです。

「競技人口を増やせば興味を持ってもらえるなら、みんなにダンスをしてもらおう！」

この野望の原点にあるのは、私の小さな承認欲求です。

世界で優勝した自分たちを、日本のみんなにもっと正当に評価してもらいたいという気

持ちが根本にありました。

ただ、これは私ひとりの問題ではないと思ったのです。

当時日本人のダンサーはレベルが高く、毎年のように優勝争いをし、結果も出していました。私の以前にも、世界一を獲っても、世間からは全然注目されない先輩がいたということです。このままでは後輩たちも同じような思いをすることになります。それでは、夢がないではありませんか。

私は自分のため、そして未来のダンサーのために、大きな夢を見てみたいと思いました。

みんながダンスに興味を持ってくれたら、今後誰かが世界大会で優勝して帰ってきたときには取材陣が殺到するだろうし、そのあとの仕事で正当な報酬がもらえるようになるだろう。そのためには……、

「日本人を全員、踊らせる」

こうして、いまも続く私の壮大なビジョンが生まれたのです。

「オリラジあっちゃんの弟」に課せられた役割

日本人全員を踊らせると決意した私は、世界大会で優勝することを目指すところからフィールドを変え、日本中にダンスを広める方向に活動の軸をシフトしていきました。

優勝したときペアを組んだ先輩をはじめ、世界に挑戦し続け、結果を出し続けているダンサーもたくさんいます。その功績は本当に素晴らしく、常に上を目指して努力をし続けている姿にはリスペクトしかありません。

結果を出し続けているダンサーたちは、ナンバー1を獲り続けることでオンリー1になっている、ダンサーたちの鑑のような存在です。

世界大会に出るのはコミュニケーションでもあるので、世界中に友だちをつくり、交流できるという点でも、世界大会に出続けるのはとても意味があることだと感じています。

私自身も勝負のフィールドで結果を出し続けながら広い世界に存在感を示していければ、それが一番カッコよかったのですが、残念ながら自分はその器ではないような気がしました。

私自身は、「勝つことで得られるもの」より「勝ったけれど得られなかったもの」のほうに目が向いてしまったのです。

学生時代から抱えていたコンプレックスのせいかもしれません。どれだけ結果を出していても学校のみんなには認めてもらえないことに、私はどこかずっと不満のような感情を持っていました。

自分たちのがんばりをもっと多くの人に認めてもらいたい。他の分野の人たちと同じようにしている努力、得ている結果を正しく評価してもらいたい。私はその思いが、他のダンサーより強かったのだと思います。

自分の役割は何か？

「大会で勝ち続けることは、自分の役割ではない」

私のなかに芽生えたのは、そんな考えでした。

勝つために必死に努力をしたし、世界一を競う舞台に立っても恥ずかしくないだけの実力をつけた自負もありました。しかし「すごい先輩と一緒だったから勝てた」という気持ちも、心の片隅に存在し続けていました。

確かにこのときは世界一になったけれど、自分より上手な人は実際にいるし、「世界一のダンサー」と言われることには違和感しかありませんでした。

一緒に戦った先輩のスター性に比べると、自分は同じような輝きを放ち続けられる人間ではない。それは直感的にわかっていました。

ただ、どちらが良いとか悪いとか、上とか下とかという話ではありません。これは、役割の問題だと思ったのです。


人には得意不得意があり、できることとできないことがあります。それぞれが得意なところをやるから、社会はうまく回っていきます。

すべてを自分ひとりでやる必要はありません。自分にしかできないこと、自分でなくてもいいことを冷静に考えると、自分が果たすべき役割が見えてきます。

それを考えたとき、私には世界の舞台で戦って強い力を見せ続けるより、「まだダンスに興味を持っていない人に、ダンスの魅力を伝える」という役割がある気がしました。

いや、むしろ自分こそがこの役割を担うのに適任なのではないか、これは私にしかできないことなのではないかと、ストンと自分のなかに落ちたのです。

そう思えた最大の理由は、兄の存在でした。

兄が有名人であることが、最初は嫌だった

前述しましたが、私の兄は「オリエンタルラジオ」というコンビ名で活動しているお笑い芸人のひとり、中田敦彦という男です。

私が世界タイトルを獲る少し前、兄はお笑い芸人としてブレイクし一世を風靡。テレビに引っ張りだこになり高い知名度を得ていました。

彼が有名になってから、私を表す言葉は多くの場面で「オリエンタルラジオあっちゃん（兄の愛称）の弟」になりました。

私は最初、そのことがものすごく嫌でした。

学生時代から私はダンスで全国大会を制覇したり、それによってダンスイベントに呼ばれて報酬を得ていたりして、ダンサーという自分の価値を確実に積み上げているつもりでいました。

それが、兄がお笑い芸人として売れた瞬間、世界がまるで変わってしまったのです。

昨日まで「ダンスがうまい中田」と言われていた私が、急に「オリラジあっちゃんの弟」と呼ばれるようになりました。

自分はいままでコツコツと実績を積み重ね、ダンスという代名詞をつくってきて、それでも広く一般の方に認知されるようなことはなかったのに、家族がテレビで脚光を浴びると、一瞬にして自分の実力や才能、人格とはまったく関係のない代名詞に取って代わられたのです。私は虚しくてたまりませんでした。

だから兄の弟であることは隠していたし、ましてや兄の名前を使って仕事をしようなんて露《つゆ》ほども考えていませんでした。

ところがあるとき、このことについての悩みをある先輩に相談すると、こんなことを言われたのです。

「家族が有名になることなんて、めったにないことなんだから、どんどん使えばいいじゃないか。そういうフックは手に入れようとしたって得られるものでもない。でもそれをお前は手にしたんだから、手にしたお前がやらなければならないことがあるんだ。そんな強みを持っているダンサーは他にはいないんだから」


この言葉を聞いて、私のなかで何かが吹っ切れました。

そうして気づいたのです。私は自分のエゴで兄の名前で有名になることに抵抗していたけれど、「ダンスを知らない人にダンスの魅力を伝えよう」と思ったときに、こんなに強力なフックは他にないのではないかと。


世界一になっただけでは、世間は動かなかった。

ダンスの世界のなかだけでやっていても、他の人には見向きもされない。

でも兄の名前があれば、ダンス界の外の人にもアプローチができるのではないだろうか。

そう思うと、「オリラジあっちゃんの弟」と言われることも、兄の話をされることも、嫌でなくなりました。嫌どころか、私が日本人全員を踊らせるために兄が与えてくれた大きな武器のように思えてきたのです。

信用を得るために、与えられた武器は上手に使おう

人は、どこの誰だかわからない人間の話は聞いてくれません。

私が「日本人全員を踊らせたい」と思っても、私自身への信用がなければ、誰も私の話を聞いてくれるはずはないのです。

話を聞いてもらうには信用を得ることが必要ですし、信用を得るためには、まず知られることが大切になります。逆に、多くの人に自分が何者かを知られているということは、それだけで信用につながります。

だから、多くの人に私の話を聞いてもらうためには、自分が何者であるのかをみんなが知っている状況をつくらなくてはならないのですが、そのハードルを越えるための武器を、私は手にしていたのです。

「ダンスで世界一を獲ったことがある、オリラジあっちゃんの弟」

この2つをミックスすれば、他にはない特徴的な人間ができ、一般の人にも認知されやすくなる。そうすれば、より多くの人にダンスの魅力を伝えにいくことができる。

そのことに気づいてから、私は行動を変えました。

「オリラジの弟」という枠で入ってくる仕事も罪の意識なく受けるようになり、私自身もテレビに出るようになりました。

テレビタレントになりたかったわけではありませんが、信用を得るための認知度アップにテレビはやはり強いと思ったので、自分が何者であるかを多くの人に知ってもらうために、いただいたテレビ番組からのオファーは積極的に受けるようにしていきました。

「有名人の弟」になったのは私の実力でも何でもなく、たまたまかもしれません。

でも、自分で勝ち取ったフックではなくても、目の前にチャンスがあると気づいたことで、私は「自分がやらなくては」という使命感に駆られ、これが自分の役割なのだと確信することができたのでした。

不自由さに敏感になれ

人にはそれぞれ、持って生まれたものや与えられた環境から見出だせる役割があるのではないかと、私は考えています。

ダンスをしていた私が、「オリラジあっちゃんの弟」というフックを与えられて、自分にしかできない役割を見出だせたように、**あなたにも「その環境にいるあなただから担える役割」がきっとある**はずです。

役割に気づくための鍵は「不自由さ」にあります。

誰でもきっと、生活をするなかで不自由に感じていることがあるでしょう。

不自由を感じるポイントは人それぞれですが、その不自由さを自由にしようと考えると、なんだか心が熱くなるような気がしませんか？　そこに、あなたが担える役割のヒントが隠されているのではないでしょうか。

「不自由」がその人の役割になるケースは多い

不自由さに気づいて自由にしていくとは、たとえばこういうことです。

私は最近、カーボン製の松葉杖をつくっている会社の社長と知り合いました。

松葉杖というのは基本的に怪我をした人が治るまで一時的に使うものなので、いろいろな人が使えるよう、持ち手のところにはアジャスト機能がついています。ところが、このアジャスターが、カチャカチャうるさくて使いづらいのだそうです。

一時的に使う人なら、それでも少しの間我慢すればいいことかもしれませんが、何らかの事情で、長期間もしくは一生涯松葉杖を使わなくてはいけない人にとっては、大変な不自由さです。

そもそもずっと使うものなのに、借り物でいいのでしょうか。

その社長が言うには、アジャスターつきの松葉杖を使い続けるのは、言うなれば一生レンタカーに乗り続けるようなものなのだそうです。

一生使い続けるものなのに、大切な移動の助けとなる松葉杖を、自分に合わせてつくっていない。

そこの不自由さに気づき、使う人にぴったりフィットする松葉杖をつくっているのが、この会社というわけです。

私も松葉杖を使ったことはありましたが、松葉杖がレンタル品であるということを意識してさえいませんでしたし、ましてや不自由さを感じる機会もありませんでした。

でも、この会社の社長は松葉杖というものに不自由さを感じたということになります。

松葉杖を使う人でも、不自由とは感じない人もいるでしょう。使っている当事者も、提供された杖に疑問を持たず、そのまま過ごしている人が多いのかもしれません。

しかし、この会社の人たちは違和感に気づいて、もっと素晴らしい世界をつくろうと動いているのです。

何かに対して違和感を抱き、よりよくしようとする気持ちが湧く。

それが、その人の役割なのだと思います。

ダンス界でも、世界タイトルを獲って帰ってきて、空港にメディア関係者がひとりもいなくても、その状況を受け入れるのはきっと普通のことだったのでしょう。

でも私には、それがとても不自由なことに感じられたのです。

その不自由さに気づいてしまったから、そこを自由にするために動くことが私の役割となった。そういうことなのです。

誰にでも、何かの分野で不自由に感じることがあるはずです。

自分の使命や世の中での役割がわからないという人は、些細《ささい》なことでいいので、思いつくまま生活のなかで不自由に感じることを書き出してみるといいでしょう。

「不自由さ」がわからない場合は、なんとなく嫌だなと思っていることで構いません。

たくさん書き出してみて、そのなかから使命感に燃えるものを探せば、一生モノの仕事に出会えるかもしれません。

第4章

信用なくして成功はない

成功のもとは「信用」と「価値」

ビジョンを見つけても、夢物語で終わらせてしまっては意味がありません。

描いたビジョンで成功を収めるためには、ビジョンを人に話し、共感を得て、協力してくれる仲間をつくっていく、具体的な行動を起こしていくことになります。

自分の話を聞いてもらって、人に協力してもらうには何が必要だろうと考えたとき、私が出した答えは「信用」と「価値」でした。

ひとつずつ説明していきましょう。

「信用」とは、自分が何者かを明確に伝えることでつくられる

話を聞いてもらうために、何よりもまず必要なのは「信用」です。

人は、どこの誰だかわからない人間の話を聞こうとはしないものです。

とくに日本人は「知らない」ものに対して拒否反応を示す傾向にあります。

逆に「知っている」ものはそれだけで、ある程度信用に値すると判断されます。有名な企業で働く人が、それだけで社会的信用を得られるのはそのためです。

有名企業の営業マンから製品の説明をされたらとりあえず聞くけれど、まったく知らない会社の人の話は胡散臭くて聞く気にもなれない、なんて人も少なくないのではないでしょうか。誰かに話を聞いてもらうには、自分という人間を信用してもらう必要があるのです。

信用してもらうための第一歩は、自分が何者であるかを明確にすることです。

何をしている人かというわかりやすい「肩書」を持っておくことは、初対面の人とコミュニケーションを取るときの最低条件だと私は考えています。

ただし、肩書だけでは信用は得られません。

ここで大事になってくるのは「実績」です。

その肩書を持って、どのような成果を得ているのか、どのくらい結果を生み出しているのか。実績が伴ってはじめて、まったく知らない人に自分という存在を信用してもらうことができるようになります。

私の場合「ダンスで世界タイトルを獲った」という実績を話すことで、信用を得やすくなっている実感があります。誰が見てもわかりやすい実績を持っておくという意味では、それぞれの世界で上を目指すことに大きな意味があると思います。

ナンバー1でなくても、何か数字でわかりやすく結果を示せるものであれば、あなたの信用力を高めてくれるでしょう。ダンスの場合は数字で評価されるものではないため、「世界タイトルを獲った」と言うのがわかりやすい答えでした。

肩書と実績が合わされば、たいていの場合ひとまずの信用は得られます。

しかし、興味を持って話を聞いてもらうためには、これだけでは不充分です。**信用と興味はまた別のもの**だからです。

人々に興味を持ってもらうための「価値」をつくれるか

「こういう世界を実現したい」と思ったとき、信用を得られた上で、人々に興味を持ってもらい、巻き込んでいくために必要になるのが「価値」です。

価値とは、人が経験したことのない体験を持っていること、そしてそれを語って、見たことのない世界が見られる未来を思い描かせることができることだと、私は感じています。

ナンバー1になることの本当の価値は、じつはそこにあります。

どのような世界であっても、ナンバー1というポジションは体験している人が絶対的に少なく、限りなくオンリー1に近いです。だから、その希少な体験に価値があります。

たとえば何かの大会があったとき、参加者が何人であっても頂点に立てるのはそのなかのひとりだけです。優勝自体に価値があるというより、優勝した人でなければ見られない景色、接することができない関係、触れることができない思考があり、その経験に大きな価値があるのです。

そんな他の人が経験していない体験を持っていて、その経験にもとづいて発想した世界を魅力的に語れることで、同じ景色を見たいと思う仲間が増えていきます。

兄である中田敦彦やキングコング西野亮廣さんは、まさに人があまり経験していないオンリー1の世界を描くことで、それが人物としての魅力となり、フォロワーが増え、実現したい世界をつくる力になっている例ではないでしょうか。

オンリー1に近づくことは、実現したい夢への味方を増やす、ひとつの重要なプロセスなのです。


お店にたとえるなら、肩書と実績がお店の看板です。看板を掲げておくことで信用になり、なんとなくドアを開けてもいいかなという気持ちになる。

ただ、お店に入って来てもらい、気に入ってもらうには、自分の店にしかない商品を見せる必要があります。

自分という「お店」のなかで、どうやって「ここにしかない商品」を見せられるか。私はそのことを常に考えるようにしています。

体験を「価値あるもの」に変える方法

私には「ダンスで世界タイトルを獲った」「紅白歌合戦に出場した」などという、わかりやすく希少な体験がありますが、そんなに大それたことでなければ、自分にしかない体験を持つことができないかというと、そんなことはありません。

日常のなかにも「変わったこと」は起きています。どんな人でも、じつは希少な体験を持っているのです。それを価値にできるかどうかは、体験したことを覚えているか、人にどう話すかを考えているかの差です。

私はそのことを、兄から教えてもらいました。

お笑い芸人は、日常で起きていることを、何倍もの価値にして魅せるプロです。

必要なときに「面白い話」を自分の引き出しのなかからサッと取り出して話せるよう、当時の兄は常にメモを取っていると言っていました。少しでも変わったことがあったら、メモを残すようにしていると。

教えてもらって以来、私も日常をメモすることを習慣にしています。そうした毎日の積み重ねがあれば、自分の体験を価値あるものとして人に話せるようになります。

「自分が第三者からどう紹介されるか?」を意識する

自分は何者であるのかを言語化し、答えられるようにしておくことは大切です。

一方で、より速く、より多くの人に自分という存在やそのビジョンを広めていくためには、他人の力を借りるのが効率的です。

自己紹介をするだけでなく、人に紹介してもらえる自分であれば、よりスピーディーにビジョンの実現に向かえます。

自分で自分をアピールするのではなく、第三者の口から紹介してもらえると、それだけ信用を得やすくもなります。

人に紹介してもらいやすくするためには、やはりわかりやすく信用できる肩書を持ち、面白いことをしている人物であることを認識してもらっていることがポイントになります。

私の場合「世界タイトルを獲った経験を持つダンサー」というのに加え、「オリラジあっちゃんの弟」という、紹介してもらいやすい肩書があったのはラッキーでした。

ただ、**こうしたラッキーがなくとも、人が紹介しやすくなるような肩書を身につけておくのは大事であると**、私もよく後輩に話しています。

どのように紹介してもらえるようになるのかも、イメージをつくっておくのが大切です。

自分自身で、どういうふうに紹介してもらいたいのかを鮮明にイメージしておき、そのイメージ像に自分を近づけていくことで、思い描いた肩書が身についていくのです。

たとえば、ただ踊りがうまいだけでなく、「ダンスのことなら、アイツに聞けば何でも知っている」という「ダンス博士」のような肩書を持ちたいのであれば、ダンス界の情報を常にインプットしたり、ダンスの歴史についても学んだりしておく必要があります。

仕事で「困ったときに対応してくれる頼れるヤツ」と思ってもらえる人になりたいのであれば、常にメールをすぐ返すようにするとか、本当に困っている人に手を差し伸べるようにするとか、そういう言動を積み重ねる必要があるでしょう。

まわりの人からの信用を得たいのであれば、人の噂話をしないとか、秘密は絶対に守るとかいうのも大事なことです。

まずひとりの人にどうやって興味を持ってもらうのか、そして、その人が自分を誰かに紹介してくれるとき何と言って紹介してもらいたいのか。あなたは、日頃からそれを考えて行動していますか？

「外見」と「住むところ」を変える

第一印象での信用は肩書や実績で得ることができますが、もちろんそれだけでは人はついてきません。

肩書や実績を語って説得力がある人物でいるためには、中身が伴っていなくてはなりません。

「信用」は積み上げていくものです。

本当の意味で人とつながり、何かをなし得ていくには、コツコツと信用を積み上げて、強い関係をつくっていくしかありません。

もっと自由に、もっと好きなことをして、個性を大切に生きていこうという風潮のある時代に、**少し古くさいと思われるかもしれませんが、私は、いつの時代も信用をつくるのは人としての基本的な立ち振る舞いだと考えています。**

その考えをもとに、私自身が自分の信用や価値を高めるためにおこなってきたことを、ここでは紹介します。

誰が見ても嫌われない格好をする

「自分に信用力をつけたい！」

「ひとりでも多くの人、とくに影響力のある人に自分の話を聞いてもらいたい！」

そう思ったとき、私がまずおこなったのは、外見を変えることでした。

〝ストリートダンサー〟といえばまだ、ブカブカの服に存在感のあるスニーカーを履き、明るめの髪色をしていたり、ちょっと悪そうな髭を生やしていたり、一般的に見るとやんちゃなスタイルをしているイメージを持たれます。私自身も例に漏れず、ずっとそのような格好をしていました。

もちろん、そういう格好をしているダンサーが本当にみんなやんちゃで悪いわけではありません。多くの人は純粋で、一生懸命ダンスに向き合っています。ファッションとしてそのような格好をしているだけです。

ただし、自分たちのスタイルを崩さないことで、ダンス以外の世界の人からは誤解されやすい事実もありました。なかには外見ではなく中身を見て理解してくれる人もいましたが、多くの場合はそうではありません。

「わかってくれる人だけがわかってくれればいい」というビジョンであれば、自分のスタイルを貫いてもいいのですが、私が実現したいのは「日本人全員を踊らせる」という世界です。

そのために、私はダンス界の政治家のようなポジションを目指していました。ダンスが評価されるようなシステムをつくったり、人を誘導したり。ダンサーの見られ方を変え、発言力を高め、影響力を持ってダンサーの社会的地位を高めるための先導者になりたいと思っていたのです。

伝えるメッセージや巻き込む人たちを選び、いまダンスをしている人たちだけのフィールドから外に出て、いろいろな人のところに行かなくてはならない。

それを考えたとき、一般の人たちから理解されにくい自分たちのファッションを貫き続けるのは、とても非効率なことに私には感じられました。

思えば、別に強いこだわりがあってそういう格好をしていたわけではありません。ダンサー仲間がみんな同じようなファッションをしていて、それをカッコいいと思うことが、なんとなく当たり前のようになっていたからしていただけで、「ダンサーっぽい外見でいること」は決して自分のオリジナリティではありませんでした。

ダンサーファッションへのこだわりよりも、自分が思い描いた世界を実現するために、信用を積み、多くの人に自分の話を聞いてもらえるための格好をすることのほうが、私にとっては何百倍も重要だったのです。

ビジョンが明確になってからは、外見の個性の主張は必要ないと思うようになり、コンサバティブなスタイルをするようになったり、TPOをきちんと考えた格好をしたりするようになりました。

また、**外見を整えるだけでなく、実際に話したときの印象をよくするために、言葉遣いや立ち振る舞いにも気をつけるようになりました。**きれいな話し方をする方を見習って、社会人としてきちんとした受け答えができるよう、努力しました。

実際に「きちんと感」を意識して人と接するようになると、いい効果がありました。

「ダンサーなのに、こんなに丁寧に話す人ははじめて会った」「意外ときちんとしているんだね」などと言われることが多く、「ダンサー」についているよくないイメージとのコントラストになって、覚えてもらいやすくなりました。

住むところを変えると、人生が変わる

信用を得るため、外見の他に私が意識的に大きく変えたのは住むところです。

会社の役員や経営者、実業家など、社会的に影響力があり、自分も「こうありたい」と思える人が多く住んでいる東京都心の街に引っ越しました。

当時私は26歳。世界一は獲っていたけれど、まだまだ世間的には無名で、収入も多くない時期です。

家賃の金額を考えると簡単に住める街ではありませんでしたが、自分が「こうなりた

い」「こうありたい」と思える人たちと同じ空気を吸い、その人たちの生活を感じてみたいとの思いが強く、「とりあえず1年だけ住んでみよう」と、貯金を切り崩すつもりで部屋を借りました。

実際に住んでみると、世界は大きく変わりました。

経営者や実業家の方など、社会人としての先輩方にお会いしたときに、住んでいるところが近所ということで街の話になったり、近くのお店の話になったり。職業や収入にかかわらず話せる共通項が増え、距離を縮めやすくなりました。

夜の時間帯以外に声をかけてもらえるようになったのも大きかったです。

実業家の方の会合だと、西麻布や六本木などの高級店で夜おこなわれることが多かったのですが、近所の方とは昼間に近くのカフェで話せることもあり、ご一緒する機会やシーンが増えました。

とても親しくさせていただいている、オリンピック銀メダリストで日本フェンシング協会会長の太田雄貴さんとも、住んでいるところが近かったことが、仲よくなった大きなきっかけです。

近所で年齢も近いということで、ランチをしたり飲みに行ったりと、一緒に過ごす機会が多く、たくさんのことを学ばせてもらいました。

1年が経つ頃には、自分自身も、まわりにいる人もあきらかに変わっている実感がありました。それまでは、クリエイターや自分と同じような表現者の友人がほとんどでした。その人たちとも変わらず仲よくしてはいましたが、**気がつくと、いま社会を動かしている企業の方や経営者、実業家の方たちもまわりに増えていました。それは、まぎれもなくその場所に住んだからだと言えます。**

住むところというのは、毎日を過ごす生活の土台となる場所なので、とても大事です。街によってそれぞれ色があり、暮らしているなかで、その街の空気感が自分に染み込んでいきます。

「こういう街に住んでいる人たちのような自分になりたい」と思う姿がある人は、思い切って住むところを変えるのは、おすすめです。

アクションには必ず理由を持つ

いまよりさらにテレビの影響力が大きかった約10年前。当時大ブレイクしていたお笑いコンビ「オリエンタルラジオ」に弟がいて、しかもダンスで世界一になっているらしいという話題性で、私にテレビ出演のオファーが舞い込みました。

私は、世間の信用を得るために出演オファーを受けました。

そして兄の力もあり、その後いくつかの番組に出演させてもらいました。

テレビの世界に触れられたのは、私にとって貴重な経験となりました。

誰もが見られるわけではないテレビの裏側。それを体験できたことは希少な経験のひとつになりましたし、さまざまなことを学べました。

嫌なことを嫌と言えないと、結果的に信用を落とす

自分のビジョンと照らし合わせて、**やりたくないことをやらないようにしなければ信用を落とす**というのも、学んだことのひとつです。

とある番組で兄と共演したときのこと。

私が兄と一緒に食事をしながらトークするという企画だったのですが、事前にスタッフさんから私に、トークのなかで兄の昔の女性関係について質問してほしいと、こっそり指示があったのです。

当時私はテレビの世界のことを何もわからず、ただ言われたことをやっていた状態で、番組制作をする側の人間が出演者のプライバシーなどにも配慮した上で、面白くなるような演出が考えられていると盲信していました。

兄は笑いを取ることが仕事なので、その質問で兄が面白く見えるのであれば、その演出に乗ってみよう、兄もそれを待っているのだと思った私は、迷いもなく本番中、台本のよ

うにその質問を兄に投げかけました。

ところが、その瞬間兄の表情が一変。

「お前、それを誰に言わされているんだ？」

そのひと言で撮影がストップ。

私に指示をくれたスタッフさんのほうを見ると、彼はとてもバツが悪そうな顔をしていました。

兄は、その質問を私がしたくてしているのではなく、誰かに言わされていることを即座に察したのでしょう。私に向かってこう言いました。

「言いたくないことは言わなくていい。やりたくないことは、やらなくていいんだ」

結局、その後、女性関係を深堀りすることはなく、他の話題に移って撮影は終了しました。

今回は相手が兄だったので、不快に思うような質問も、私がみずからしているものではないと察知してもらえましたが、場合によってはそのまま、私自身が聞きたくて聞いたことと思われて信用を落とすことになったかもしれません。

私がテレビタレントになりたいのであれば、制作サイドの意向に沿う行動をするのもひとつだったのでしょうが、私の目的はそこではありません。テレビをフックに知名度と信用度を上げようとしている人間なので、やりたくないことをして変なイメージをつける必要はまったくなかったのです。

制作サイドの言われるままに行動して、自分が信用を落としても、テレビ局が責任を取ってくれるわけではありません。私は兄のおかげで、早めにそのことに気づけました。

もちろん、テレビの制作側も悪意があるわけではありません。

彼らは彼らの視点で「どうすれば番組が面白くなるのか」を追求しているのです。

こちらがやりたいかやりたくないかではなく、面白くなるための近道を探していると言えます。だからこそ、自分のやりたいこと、やりたくないことをはっきりさせておかない

と、消耗してしまいます。

きちんとやりたくないことを伝えれば、回り道で面白いことを考えてくれるのもテレビ。そのことに気づいてからは、番組に声をかけてもらっても、自分の信用づくりにマイナスになるようなことはしないよう、さらに気をつけるようになりました。

テレビに出て大きな知名度を獲得することは誰にでもできるわけではないかもしれませんが、有名な人や影響力がある人に会いに行き協力してもらうことは、多くの人ができることです。自分のビジョンを実現するために、広める力のある人を探している人もいるでしょう。

そのときにも覚えていてほしいのです。

嫌なことを嫌と言えず、先方の声にただ乗っかってしまったら意味がないと。

大きな力に流されるのではなく、自分のビジョンを見失わず、意志を強く持っておくことが、結局は信用につながっていくのだと思います。

「本当は嫌じゃないのかもしれない」と考えることも必要

ただ、「やりたくないこと」「嫌なこと」を考えるとき、嫌な理由をきちんと考えることは大切です。**反射的に嫌だと思うことでも、よく考えると自分が思っているほどデメリットがなかったり、むしろメリットになったりすることもある**からです。

たとえば私はよく、プライベートで参加するイベントや知人とのカラオケの場などで「踊ってよ！」と気軽に言われることがあります。そうしたリクエストを学生の頃は不快に感じていて、実際に「プロなんだから、お金をいただきますよ」と、断ることも多かったです。

しかし、リクエストされて踊ることが本当に嫌なのかと冷静に突き詰めていったとき、デメリットよりもメリットのほうが大きいように思えてきました。

「ひとりでも多くの人に、ダンスに興味を持ってもらうためには、自分のダンスを見てもらえるのは、じつはめちゃくちゃいいことなのではないか」

と発想を転換できたのです。

もちろん頼まれ方にもよります。マナーが悪いリクエストは不快ですが、純粋に「見たい」と思ってくれて、踊って喜んでもらえるなら、こちらにとっても嬉しいことです。

そう思えるようになってからは、「踊ってよ！」のリクエストに対して頑なに断ることはしなくなり、気軽にみんなにダンスを楽しんでもらえるよう披露するようにしています。

自分がいま嫌だと思っていることも、自分の偏見で嫌だと思い込んでいるだけのこともあります。本当に嫌なことは嫌でいいのですが、やってみたらじつはチャンスになることも少なくないのです。

私は「本当に自分はこれが嫌なのか」を一度考えてから判断するようにしています。

大事なのは、自分のアクションに理由を持つことです。

自分はなぜそれをしているのか、なぜそれをしないのか。こまかいことでも一つひとつ理由を持つと、自分の生き方がどんどん明確になっていきます。

何時に起きるとか、何を食べるとか、そうした些細な行動にも理由をつける癖をつけていくと、自分の軸が定まっていくでしょう。

信用を落とさないために気をつけるべき基本的なこと

信用というのは、積み上げるのは難しく、壊すのは簡単です。どんなに普段気を遣っていても、一瞬で壊れることがあります。

だからこそ、信用を落とさないためには、何か特別なことをするよりも、人としての日々のおこないが大切である。それが私の考えです。

たとえば、

・嘘をつかない

・わからないことを「わかる」と言わない

・人の悪口を言わない

など、本当に基本的なことですが、こうしたことは信用づくりに大きく関わると思うので、やらないよう心がけています。

わからないのに知ったかぶりをしてしまうと必ず歪みが生まれますし、人の悪口を言うと、それを聞いた人はきっと「コイツは自分のことも悪く言ってるんだろうな」と思い、負の連鎖にしかなりません。悪口を言う人は、言うたびに自分の信用を下げているのです。

自分のなりたい姿や進みたい道が明確にイメージできていれば、きっと正しい行動を選べるようになります。もし、あなたがこうした行動をやってしまいがちなのであれば、自分のビジョンと照らし合わせ、アクションに理由づけをして、自分の言動を省みるといいでしょう。

謝る機会を逸したとしても、必ずあとで謝ろう

人としての基本的なことで言えば、**「ありがとう」や「ごめんなさい」を大事にすること**も、私は日頃から忘れないように気をつけています。

とくに「ごめんなさい」は、たとえ謝るタイミングを逃したとしても、あとからあえて掘り返して言うようにしています。

以前、一緒に仕事をしているパートナーのことを、私が第三者の前で面白おかしくいじってしまったことがありました。その場は笑いになり、私も悪気がなかったので気にしていませんでしたが、帰り道、彼と別れてから、

「もしかしたら彼は、人前で自分の価値を下げられた感じがして、恥ずかしかったかな。嫌な思いをさせてしまったかもしれない」

と、ふと思った私は、後日あらためて「あのときはごめん」と謝りました。

彼がどのくらいそのことを気にしていたかはわかりません。全然気にしていなかったかもしれませんが、**本人もやり過ごすほどの小さなわだかまりでも、そのまま残ってしまうとあとになって取り返しのつかないことになることがあります。**

でも、きちんと謝って消化されていれば、蒸し返してトラブルになることはありません。信用は、こうした小さな心持ちで積み上げられていくものだと思います。

怒ってくれるというのは、ありがたいこと

人は大人になっていくと、段々厳しいことを言ってくれる人がいなくなります。自分で

自分を律しなくてはならなくなりますが、それは難しいことです。

どうしても楽なほうに楽なほうに行きたくなってしまうのが、人間の性《さが》です。

だから私は、いまでも怒ってくれる存在を大事にし、そこから逃げないようにも意識しています。

子どものときと違い、耳の痛いことを言われる環境は、自分で離れようと思えば離れられます。でも、怒られるというのはじつはありがたい状況。そういう場所をなくさないほうがいいと私は感じるのです。

私は、**信用力を得るには、相手の意図を汲《く》んだ上で自分の意図を説明することが必要だと考えているのですが、相手の意図を汲む力は、人から怒られるときに鍛えられると思っています。**

相手が怒っているときは、自分では気づいていなかった振る舞いの癖が出てしまっていたり、自分の意図が相手に伝わっていないということが起きていたりします。そんな自分の言動を反省し、相手がどのような意図だったのかを冷静に考える。相手の気持ちを理解した上で、自分の意見もきちんと伝える。

そうした本音のコミュニケーションが、強い信用を生んでいくのです。

なかには理不尽なことを言ってくる人もいます。

そんなときでも、怒りの理由を考えるとすごく勉強になります。

「なぜ、いまこの人はこんなことを言うのか」

ゲームのようにそう考えることができれば、自分の受け止め方が変わり、視野の広い人間になっていくことができます。

第5章

現代版「うまくいくプロジェクト」のつくり方

プロジェクトごとに最適なチームで集う時代

ビジョンを叶える過程で人を巻き込んでいけるようになってくると、次はどのように組織やチームをつくっていくかを考えることになります。

チームのつくり方にはさまざまな形がありますが、最近はいつも固定されたメンバーであらゆる活動をおこなうより、プロジェクトごとにその都度、違う人たちが集まる形が多くなってきているように感じます。

そのプロジェクトに合った人がメンバーとして選ばれ、それぞれが役割を果たしながら、ひとつの目的を達成させていく。

実際に私自身はさまざまなプロジェクトに関わり、それぞれ違うメンバーと仕事をしていますし、まわりを見てみても、うまくいっている人たちはそのやり方を採用しているように思います。

知り合いのとある社長さんも、

「いまから会社をつくるとしたら、社員は最少人数にして、あとは外注でその都度最適な人材と仕事を進めるようにしたい」

と話していて、それにはとても共感しています。

SNSが盛んになり、オンラインでのコミュニケーションが可能になっているいまの時代は、いつも顔を突き合わせていなくても簡単に連絡を取り合うことができますし、お互いが何をしているかある程度把握できるようになっています。

そのため、固定されたメンバーがずっと一緒にいる意味が薄れてきているのではないかと思います。

常に一緒にいなくても、適切なコミュニケーションができていれば信頼関係は育めます。信頼関係ができていれば、いつも一緒にいる必要はないのです。

考え方が多様化する時代なので、組織づくりも時代に合わせて身軽であるのが望ましいのではないかと私は考えています。

いまの時代のプロジェクトづくりで大事なこと

何かを達成するためには、しっかりとした目的と適切なプロジェクトがないと、チームが活性化しません。プロジェクトがないチームはファミリー化し、ただの絆として馴染んでしまい、機能しなくなっていきます。

いつも同じ人がいる大きな組織をつくるのではなく、プロジェクトベースで必要な役割を果たせる人たちが過不足ない人数で集まり、一人ひとりが責任を持って仕事をするほうが効率的なのです。

そのときに役立つ人、輝ける人が集まり、何かをつくる。

プロジェクトが終われば解散。

いいパフォーマンスをした人や、解散したあとも別の場所で活躍している人は、また次の機会にも声がかかる。

それが、現代型プロジェクトのつくり方であると私は考えています。
もともとプロジェクト単位でチームがつくられているテレビの世界にいた兄からも、このような言葉を聞いたことがあります。

「番組が終わるときに『またいつか、このメンバーで集まりましょう』とよく言うけれど、ただ集まっても意味がない。それぞれが活躍して輝いていたら、また絶対同じような番組で会えるから、そのとき輝ける場所で、そのとき輝いている人が集まればいい」

場所や時が変わったときに、どちらかが輝いていて、どちらかが輝いていなければ、会ってもつらいだけ。だから、プロジェクトごとに最適なメンバーが集まって仕事をすればいいのです。
そうした形で信頼関係を築くことができれば、固定化された大きな組織という枠は必ずしも必要ではないはずです。

必要なのは「コンセプトメイキング力」と「キャスティング力」

広く理想の世界をつくっていくためには、異業種の方たちと関わるプロジェクトを進めていく必要があります。

私自身も最近は、さまざまなジャンルの方から「ここにダンスを取り入れたい」とご依頼をいただき、プロジェクトをつくることが多くなっています。

コンセプトは「共感」をベースにつくる

プロジェクトを立ち上げるときはまず「コンセプト」をつくります。コンセプトは、そのプロジェクトの方向性であり、その後の行動の指針となるものです。

コンセプトをつくるときに私が大切にしているのは「共感」です。

多くのプロジェクトは、何かしらの悩みを解決したり、目的を達成したりするためにおこなうもののはず。

組む相手の悩みや目的の本質を掴み、プロジェクトの成果をお互いにとって最大のものにするためには、「同じ場所にいるんだよ」と相手に見せるのが効果的です。

実際に、他の業種の人でも意外と同じような悩みを持っています。

「一緒だね」というポイントをまず見つけて、そこからコンセプトをつくり、理解した上で仕事を進めると、とてもいい関係をつくることができます。逆に共感がないまま仕事をしても、つながりも広がりもなく終わってしまうことになりがちです。

コンセプトが固まれば、キャスティングがブレなくなる

コンセプトをしっかりとつくるのは、どんなメンバーを集めるかというキャスティングを考えるときにも重要になります。

コンセプトが固まっていれば意味を持ってキャスティングができ、その「意味」はキャスティングされる側のやりがいにもなっていきます。

集まったメンバーがやりがいを感じてくれるかはとても重要です。意味を感じて動いてくれることで仕事がうまくいき、それぞれの「その先」につながっていきます。

たとえば、何かのイベントで「ダンサーを集めて踊ってほしい」と言われるときも、私は、ただ踊りがうまいというだけでなく、しっかりとした意図を持ってメンバーを選んでいます。

前述した太田雄貴さんとのご縁で「フェンシングの大会で踊ってほしい」と依頼されたときは、フェンシング界の取り組みから、若いダンサーたちにダンス界の未来を学んでもらうというコンセプトでメンバーを考えました。

マイナースポーツという立ち位置から人気を上げていこうとしているフェンシングの取り組みは、ダンス界にとってすごく参考になるものです。ダンス界の未来を担う若者たちを、その熱に触れられる空間に放り込み、空気を感じてもらうのは大きな意味があると私は思っています。

フェンシングの大会で踊った実績が、ダンサーとしての自分の価値を直接高めてくれるものにはならないかもしれません。でもフェンシングの取り組みを知ることで、ダンス界の少し先の姿が見られる。フェンシング界を担う若い人たちのがんばりを見て学び、交流し、お互いに刺激を受けてシナジーが生まれ、協力関係を築ける。そこにやりがいを感じてくれる人は誰なのかという視点でキャスティングする。

そうすると自ずと、ただ〝ダンスがうまいだけ〟で選ぶメンバーとは顔ぶれが変わってきます。

コンセプトが決まれば、どんな人に協力してもらいたいのかは、自然と見えてきます。

あとは、決まったコンセプトに合致する人をキャスティングできるよう、普段からいろいろな人たちと接点を持てる場を持ち続けておけば、プロジェクトを成功に導く最高のキャスティングができるようになります。

すべて自分でやろうとしてはいけない

キャスティングするときに私が気をつけているのは、全部を自分だけでやろうとしないことです。

人間には誰でも向き・不向きがあります。

責任感または自己顕示欲から、自分のできないことを正しく理解できず、すべてをひとりで抱え込んでしまっては、強いチームはつくれません。

「自分はこれが得意でこれが苦手。できないところは、できる人を呼んでこよう」

このような発想で、パズルのピースをはめるようにチームをつくっていくと、潤滑に回る組織ができあがります。

大切なのは、そのメンバーでチームがどう回るのかをイメージすることです。

自分のエゴではなく、チームが目指す明確なビジョンのために、どうすれば一番よく回るのか。その視点を忘れないことが、プロジェクトを成功に導くいいチームづくりの秘訣だと思います。

ダンスに興味がない人でも楽しめるコンセプト設計

ここでいくつか、私が実際に携《たずさ》わったプロジェクトでの、コンセプトメイクやキャスティングの事例を紹介します。

まず、演出面で関わらせてもらったのが、先程も触れたフェンシングの試合です。

「踊ってほしい」と依頼してくれた太田さんが描いていたのは、観に来たお客さんの満足度を高めるため「フェンシングをエンタメにする」というビジョンでした。

もともとフェンシングは地味でわかりにくいスポーツだったそうです。というのも、動きが速すぎて素人目には剣先が本当に当たったのかがわからず、観戦しても楽しむのが難しいとのこと。

それでも会場に来て試合を楽しんでもらい、フェンシングに興味を持ってもらえるよう、太田さんはフェンシングの試合を、競技をよく知らない人でも楽しめるように劇場型にすることを決めていました。

剣先が当たった瞬間に光るシステムを取り入れて、どちらがポイントを獲ったのかをわかりやすく表現したり、カラフルなＬＥＤを入れて試合会場をライブのような照明で照らしたり。最近ではリプレイで剣先の軌道が光によって可視化される「フェンシング・ビジュアライズド」という演出を取り入れ、それが、さながら映画「スター・ウォーズ」に登場する光る武器「ライトセーバー」のようであると話題になっています。

こうした流れのなかで、「オープニングや試合の合間にダンスショーをやって、盛り上げてほしい」という依頼を受け、私はダンスの時間の全体プロデュースを任されることになりました。

普段のダンスイベントとは違う、フェンシングの試合会場というステージ。

ダンスのことなど知らない、もしかすると興味もない人たちが大多数の場で、どんなことをすればお客さんは楽しんでくれるのか。

考えた末に私がコンセプトとして掲げたのは、

「試合を観に来たお客さんが、帰宅したあと『よくわからなかったけど、なんだか楽しかったね』と話題に出してもらえるダンスシーン」

でした。

まったく記憶に残らず流されてしまうより、

「フェンシングとは関係なさそうだったけど、なんか面白かった」

と話してくれるなら、満足度が高かったと言えるのではないかと思ったのです。

人の印象に強く残す方法

そんなダンスシーンをつくるために**意識したのは、ワクワク感**です。

「ではいまからダンスの時間です、どうぞ～！」

というようなありきたりなものではなく、何がはじまるのかわからない、含みのある演出を考えました。

人は「何が起きるんだろう？」と期待が高まるような時間を体験すると、ワクワクしてきます。その時間があることで、出てきたものに対するインパクトも大きくなります。

具体的には、いきなりダンスをはじめるのではなく、曲の前奏を長くして、音だけが会場に響く「え、いまこれ何の時間？」と思わせるような時間をつくりました。

人が出てきてもすぐに踊りはじめず、最初はゆっくり歩いたり、ずっと立ち止まっているだけにしてみたり。ダンスとしては、踊り出しと終わり、途中のアクロバティックな部分に重点を置いて振りをつけました。

なぜなら観ている人はたいてい、それ以外の部分は覚えていないからです。逆に言えば、その3つのポイントさえおさえていれば大きく印象を残すことができます。

お客さんはフェンシングを観に来ているので、その要素を入れることも忘れていません。ダンサーたちにはフェンシングの格好をさせ、フェンシングの特徴的な動作を取り入れた踊りをさせたり、少しデフォルメしたような動きを取り入れたり。フェンシングを観に来たからこそ見られるコンテンツをつくり、フェンシングファンの方にも喜んでもらえる要素を盛り込みました。

「RADIO FISH」結成の裏話

キャスティングで私が関わったプロジェクトのひとつが**「RADIO FISH」**です。「RADIO FISH」とは、兄のお笑いコンビ「オリエンタルラジオ」と、私を含めた4人のダンサーで構成したダンス&ボーカルユニットです。**結成してから6作目に発表した「PERFECT HUMAN」がヒットし、2016年にはNHKの紅白歌合戦にも出させていただきました。**

RADIO FISHのはじまりは、私の兄、中田敦彦からの一本の電話でした。

「キャーキャー言われるグループをつくりたいんだけど……」

2014年12月のある日のことです。

私は先輩の家で数人の仲間とともに、クリスマスパーティーをしていました。

「今年はこんなことがあったよな」などと話しながらわいわいと盛り上がるなか、突然兄からの着信。出てみると、こんなことを言われました。

「あ、もしもし？　ちょっと相談があるんだけど、いい？」

「どうしたの？」

「歌って踊って、キャーキャー言われるグループをつくりたいから、ダンサーと音楽をつくれる人を集めてくれない？」

忘年会か何かで酔っ払っていて冗談を言っているのではないことは、声でわかりました。兄は至って真面目に言っているのです。

年末に降って湧いた、お笑い芸人の兄からの突拍子もない依頼。

……に見えると思いますが、じつは私は少し前から、兄からいつかこういう話が来るのではないかということを予想していました。

それは、この1年前くらいに放送されたとある番組で、こんな出来事があったからです。

その番組の内容は、オリエンタルラジオの2人がそれぞれ別の人と組み、パフォーマンス対決をするというもの。

兄の相方、藤森慎吾さんは郷ひろみさんと一緒に、郷さんの代表曲「2億4千万の瞳」を面白おかしくアレンジして歌う演目を披露。

一方、兄の中田敦彦は、ダンサーである弟の私FISHBOYと、さらに数人のダンサーと組み「WORLD ORDER」というダンスパフォーマンスユニットの完コピをおこないました。

藤森さんは、当時定着していた「チャラ男」キャラを全開にした、遊び心たっぷりの、バラエティ番組らしいパフォーマンス。

兄は、スーツで黙って先鋭的なアニメーションダンスを踊る「WORLD ORDER」さんのパフォーマンスを、一切笑いなしで真剣に完コピ。

両者はとても対象的な作品でした。

兄はとても真面目に取り組んでいましたが、相手は超大物である郷ひろみさんです。私自身は正直勝てると思っていませんでした。

ところが、実際に私たちがパフォーマンスをすると、圧倒的なクオリティの高さにスタジオは想像以上の盛り上がり。そのまま勝ってしまったのです。

このダンスパフォーマンスに兄は手応えを感じているように、私には見えました。

また、この頃兄が、お笑いだけではキャパシティーに限界があると感じていることも知っていました。当時オリエンタルラジオはテレビで人気でしたが、それでもお笑いライブの会場はそれほど大きくない劇場。もっと人気の芸人さんを見ても、音楽アーティストのような何万人もの観客が入る大きなステージに立っている人はいません。

「もっと大勢の人の前で何かしたい。でもお笑いでは限界がある。アーティストのように音楽ならできるのか？『三代目 J SOUL BROTHERS』のように、歌って踊ればそれが実現するのか？」

兄がそんなふうに考えていることを、私はそばで見ていて感じていました。

こうした流れのなかでの手応えのあるパフォーマンス。

「こういうことを、もっとやりたい」という依頼が必ず来ると思っていた私は密かに、数人の音楽プロデューサーに声をかけておきました。

やってくれそうな人を見つけたら、

「もしかしたらお願いするかもしれないので、そのときはよろしくね！」

と、話を振っておいたのです。

だから、クリスマスパーティーの日、兄から電話がかかって来たときには、「やはり来た！」という感じでした。

「ダンサーと音楽をつくれる人を集めてくれない？」

という兄の言葉に、私はこう答えました。

「すぐに準備できるから、ちょっと待ってて」

そこからすぐに音楽プロデューサーに連絡し、作品をつくってもらいました。

チームのバランスを最優先に考える

ダンサーはどんな人を集めればいいかについて、兄からリクエストされたのは「イケメン」ということだけでした。

自分のなかで思い浮かぶ、知り合いのイケメンダンサーたちをリストアップし、ここから私がキャスティングです。どうすればオリエンタルラジオの2人と私がつくるチームが、うまく回るのかを考えました。

RADIO FISHのキャスティングで、なかでも戦略的な考えのもとに声をかけたのは、Show-heyというダンサーです。

まず今回つくるチームでは、私がダンスの振付をするのではなく、他に振付をできる人に入ってもらって、任せたほうがいいと思いました。

理由はいくつかあります。

ひとつには私自身がミュージックビデオ用の振付を得意としているわけではないので、

自分より上手にできる人にお願いしたいという気持ちがありました。ただ、それ以上に、振付担当は私ではない誰かに任せたほうが、チームのバランスがよくなると思ったのです。

というのも、**振付を担当する人間は、みんなに教える立場になるので、力が強くなりがちです。RADIO FISHは兄が発起人でありリーダーなので、その弟である私が振付係になってしまうと、ダンサーたちの関係性のなかで、力や権限が私に偏りすぎてしまいます。そうなったら、きちんと一人ひとりが意見を言える、健全なチームにはならないと思いました。**だから、権限を分散させるために、誰かにお願いすることにしたのです。

また、ダンサーの世界は上下関係に敏感なので、振付をする人間が一番年上でないと、お互いにやりにくくなるのが見えていました。だから自分よりも年上で、振付ができる人に入ってもらおうとイメージしていたなかで、その条件にピッタリ合ったのがShow-heyでした。

Show-heyが決まったので、あとは私がまとめる立場として権限を失わないよう、年下の人たちを入れることにしました。私とShow-heyはともに背がそれほど高くはないので、見栄えも考えて背の高い人をピックアップ。

背が高くて、イケメンで、年下で、人間的に信用できる人ということで、SHiNとRIHITOという2人に声をかけ、RADIO FISHが誕生しました。

権限は分散させる

チームをつくるとき、トップ以外は役割と権限を分散させたほうがいいというのが私の持論です。

一人ひとり役割があったほうが、意識が高まります。ただそんな集団だからこそ、チーム内で気を遣って発言しなくてはならない状況になるのが一番ダメ。強いチームに育てるためには、お互いの都合をぶつけ合うことが大事なので、きちんと議論が生まれる環境にしておかなくてはならないのです。

権限が一極集中すると、どうしてもパワーバランスが崩れ、意見が言いにくくなりがちです。パワーバランスをある程度均等にすることで、議論が生まれやすくなります。

お互いの意見をぶつけた上で、いいものをつくる。それがいいチームをつくる秘訣だと考えています。

世界初のダンスのプロリーグ「Dリーグ」

2021年1月。世界ではじめてダンスのプロリーグである「**Dリーグ**」が、日本で開幕しました。9つの大企業がチームオーナーとして参画し、それぞれがチームを結成。その9チームが、8人で踊る作品をつくり、全12ラウンドのレギュラーシーズンを約半年かけて戦います。

プロリーグが立ち上がるにあたっては、参画企業が決まったあと、まずそれぞれのチームの監督が決まり、そこからチームがつくられるという流れでした。

私はオーナー企業のひとつである株式会社サイバーエージェントに指名していただき、そこで監督を務めることになりました。

半年間のプロリーグを戦うダンスチームづくりを、コンセプトメイクからキャスティングまで任されたのです。最初に話をいただいてから、はじめてパフォーマンスをした2021年1月まで約1年。長い旅がはじまりました。

Dリーグのチーム編成で考えたこと

どんなメンバーで、どんなチームをつくるかは監督次第。

なかにはもともと存在しているダンスチームをそのままスカウトし、Dリーグのチームとして契約していたところもありましたし、監督自身の専門ジャンルから仲間たちを率いてきてチームづくりをするところもありました。

では自分はどんなチームをつくろうかと考えたとき、私はゼロからチームをつくる道を選びました。その決断をするに至ったのは、こんな思考があったからです。

世界初のダンスプロリーグ。

どんなふうに進むのか、どのくらい注目されるのか、ここで活躍すればどうなれるのか……すべてが未知数のなか、どこを目指せばいいのか。

もちろん戦うからには優勝するのがひとつのゴールなのだと思うのですが、勝つことだけでなく、企業に何か還元される結果を出すことが、自分には求められている気がしました。

極端な話、優勝してもチームの人気がないより、優勝しなくてもチームの人気が出て、メンバーの影響力が大きくなったほうが、企業には貢献できるのかもしれないと思ったのです。

順位は当然大事だけれど、人気を出すことが絶対条件。

そう思ったところから私は、「人気が出るチーム」をつくるためにはどうすればいいかを考えはじめました。

コンセプトは「ストーリーで魅せる」

他のチームを見てみると、コンセプトはさまざまでした。

「アイドル」をテーマに女の子たちだけで構成されているチーム。

「男らしさ」をテーマに筋肉質の男性が集まっているチーム、など。

そんななかで、人気が出るチームをつくるために私が打ち出したコンセプトは、

「ストーリーで魅せるチーム」

でした。

ただダンスの作品だけを見せても、ダンスをよく知らない人は興味を持ってくれないかもしれない。それなら**作品以外のところで興味を持ってもらうために「ゼロからのストーリー」をエンタメにすれば、魅力的に映るのではないだろうか**と思ったのです。

プロ野球のようなメジャーなスポーツでも、強いチームが必ずしも高い人気を誇っているわけではありません。弱いチームがあきらめずに戦っていたり、調子の悪い人がいても励まし合いながらがんばっていたりするストーリーがあるほうが、人々は応援したくなるものです。

だからこそ、ずっと上位にいけなかったところから駆け上がった、2013年のプロ野球東北楽天ゴールデンイーグルスの日本一は大きな話題となり、多くの人の心を打ったのでしょう。

「それなら今回も、ストーリーを持ったほうが応援してもらいやすく、人気につながるかもしれない」

プロリーグ自体がゼロから発足するなかで、さらにゼロからのチームをつくり、翻弄されながらも前に進んでいく。いままで個人で踊っていた若いダンサーたちが集まり、ぶつかりながらもひとつになっていく。そうして人間的にも成長した若手ダンサーが人気を獲得し、社会のリーダーとして成り上がっていく。

そんな**感動的なストーリーを、お客さんに一緒に寄り添って見てほしい。**

こうしてできたコンセプトのもと、私は、ゼロからチームをつくると決めるに至りました。

実力はもちろん大事、でも、それよりも大切にしたこと

そこから、いろいろな人に紹介してもらったり調べたりして、一人ひとりメンバーを探していきました。

キャスティングするにあたっては、ダンスの実力ももちろん重視しましたが、その上で選ぶポイントにしたのは「野心があるかどうか」です。

「何をするか」ではなく「何になるか」という野心を持てている子を見つけ出し、ひとりずつ声をかけていきました。

前述した通り、最近の若い人たちは「これをしたらバズるから、これをして、これをして……」というように、「Ｄｏ」ばかりを積み重ねていき、それが「Ｂｅ」になっているように思います。そして、バズるためにできあがってしまったキャラクターと理想の自分の姿との乖離《かいり》に苦しめられているように感じるのです。

だからこそ、新しい時代にリーダーとなっていくのは「Do」ではなく、きちんと「Be」を見つけられている人なのではないか。むしろ、そうであってほしいという願いを込めて、なりたい姿に向き合っている人たちを選ぶようにしました。

メンバーのストーリーが、観ている人の心を動かす

たとえば、ロックダンスの世界チャンピオンである22歳の女の子は、ダンスを続けるために就職することを決めていました。大阪から東京に引っ越し、エステティシャンになる予定だったところを捕まえ、話をしました。

「本当はどうしたいの？　なぜそこに就職するの？」

と尋ねると、彼女は、

「生活するため」

と答えました。

ダンスをしたいけれど、それだけでは食べていけないから、ダンスを続けるために就職する。それが彼女の答えでしたが、話を聞けば聞くほど、彼女が本当はダンスで何かを成

し遂げたいと思っていることがわかりましたし、生きるために他のことをしようとしている自分に悩んでいることもわかりました。

そんな**「どうありたいか」について悩んでいる彼女に、ぜひプロリーグで一緒に戦ってもらいたいと思い、根気よく説得。**返事をもらうまで時間がかかりましたが、待ち続けた結果、いい答えをもらうことができました。

もうひとり、最後にジョインしてくれることが決まった17歳の男の子も、すでに壮絶なストーリーを持っていて、自分がどう生きればいいのかを考えている子でした。

ブレイクダンスが競技種目になっている2024年のパリ五輪も視野に入るくらい、ものすごい実力の持ち主。しかし彼には、特待生として入学した高校を退学になり、お世話になった先輩たちと摩擦を起こした過去がありました。

私が話しに行ったとき、彼はこのことをとても後悔していました。

正直、退学した15歳のときは、自分が高校を辞めるのは他の人には関係ないと思っていたけれど、時間が経つにつれ、入学するときにお世話をしてくれた人たちに申し訳ないという気持ちが徐々に膨らんできたと言い、とても大きな罪悪感を抱えているように、私には見えました。

ひたすらにダンスの練習をしていた彼でしたが、まだ17歳の少年。その練習がどう実を結ぶのか、オリンピックに選ばれなかったらどうするのか、いろいろ考えて不安だろうなと想像することができ、関われる大人がまわりにいたほうがいいなと思いました。

私自身、彼をチームに入れることを、まわりからは止められました。

でも、ダンスがすごく上手で、練習もたくさんしていて、まわりに迷惑をかけたことを悔いていて、何か恩返ししたいと思っている。すでにストーリーを持っている彼に、ぜひチームに加わってほしいと思ったのです。

実際に入ってもらって一緒に仕事をするようになると、世代の違いなのか人間の違いなのか、考えが理解できなくて戸惑うこともありますが、それがまたチームのストーリーを面白くしてくれるのではないかと考えると、楽しくなります。

メディアで取り上げてくれるときは、いいところしか見せないかもしれませんが、内情は苦労していることもあるよということを自分たちのメディアで発信し、ストーリーを見せていこうと思っています。

お互いがよくなっていく未来を見せてあげる

彼らの他にも、勢いがあってノリがいい20歳や、キッズ時代に「神童」と言われるほどの実力だったのに、大人になって会社勤めをし、それでもやっぱりダンスがしたいと「シルク・ドゥ・ソレイユ」のオーディションを受けに行こうとしていた24歳など、未来が楽しみな8人のダンサーについてきてもらい、いまチームが動いています。

キャスティングする側の役割

私が今回、8人の若者をチームに誘うとき、強く伝えたのは、

「**僕は、君たちの将来を見ているよ**」

ということでした。

「Dリーグ自体は勝つことを求めているけれど、僕は君たちがDリーグを通して、もっと広い世界で活躍する未来を描いている。勝つという結果よりも、戦うことを通してダンサーとしても人としても成長し、活躍できる人になることを重視している」

この言葉で、彼らに安心してもらうことを心がけました。

ダンサーはよく短期的なプロジェクトに呼ばれて、「これを成功させよう！」と言われることがありますが、そこでがんばった結果が自分にどう返ってくるのか、その後の自分まで見せてもらえることは、あまりありません。

それはダンサーに限ったことではないと思いますが、「何をするか」だけでなく、「これをやったあと、どのような姿になれるのか」が、本当は重要なのです。

キャスティングする側はそこを理解し、伝えてあげることで信頼関係を築きやすくなりますし、キャスティングされる側も、自分で「終わったあとの姿の重要性」に気づき、そこに関心を持ってほしいのです。

第6章

自分の理想を実現するための7ステップ

私はいま、人生で果たすべき使命を見つけ、理想の世界を実現するために動いています。

そこに邁進できているのも、常にトライ&エラーで行動と分析を繰り返し、戦略的に進めてきたからだと思っています。

この章では、ここまでお話ししてきた私の体験をもとに体系化した、自分の理想の世界を実現するための成功法則を7つのステップに分けて紹介します。

ワークシート形式にしていますので、ぜひご自分のことを当てはめながら進めてみてください。

ステップ0
不自由さに目を向け、ビジョンを明確にする

誰かに踊らされるのではなく、みずから踊る人生を送りたいのであれば、「理想の世界」は自分の内側から見つけることです。

行き着く先としては「みんなにとって理想の世界」を思い描くことが大切ですが、スタートはあくまで「自分」です。あなたにとっての理想の世界を、他の誰かが教えてくれるわけではありません。

いま「自分のやりたいことがわからない」という人が多くいますが、やりたいことは自分で見つけなくてはなりません。

「わからない」と、いまと同じ生活を続けていても、ある日突然やりたいことが見つかる可能性は極めて低いと言えます。

第3章でもお伝えしましたが、理想の世界を見つける第一歩は、自分のなかにある不自由さに気づくことです。

誰でも、日々生活しているなかで何かしら不自由に感じていることや、コンプレックスを持っていることがあるはずです。

私の場合で言うと、ダンサーとしてのがんばりが、まわりに認められないことを不自由に感じていました。

日本一になっても全校集会で話題にもあがらない。世界一になっても取材ひとつされない。他のスポーツのトップ選手たちと同じくらい努力をしているはずなのに……。がんばりに対する評価の費用対効果がとてつもなく悪いことが、不自由で仕方ありませんでした。

まずは自分が不自由に感じていることに気づきましょう。

あなたがいま不自由に感じていることや違和感を抱いていることは、何でしょうか？

思いつくことを、書き出してみましょう。

ワーク

あなたがいま不自由に感じていることを、
思いつく限り書き出してみよう！

(例)「ダンサーとしてのがんばりが世間に認められない」

「気のせいかな」「まあいいか」をやめる

書き出すものなんて何もないと思っても、必ずみんな何かあるはずです。違和感はそんなに大きいものではないかもしれません。

たとえば、

「自分がめちゃくちゃ面白いと思ったものを、人に話したら酷評された」

「後輩にご飯をおごってあげたのに、お礼を言われなかった」

とか、そういうときの違和感くらい些細なことも、目を向けてみることが大切なのです。

落ち着いて考えてみると、不自由さや違和感があるのに、見て見ぬふりをしていることがきっとたくさん出てきます。

私たちは、多くの場面で少し不自由に感じたことも「気のせいかな」「まあいいか」などと変に自分を納得させて、違和感に蓋をして生きています。でも本当は、その違和感の一つひとつに宝物が隠れているのです。

私も、全校集会でヨット部の子だけが表彰されたときや、「ダンサーです」と言うだけで「何だか悪そう」と思われた感じがしたときなど、違和感を抱きつつ、一瞬で「まあ、そうだよね」と自分を納得させてしまっていました。

それでも、世界一を獲って帰ってきたときの空港でようやく気づいたのです。あのときが、ずっと感じていた不自由さをハッキリと突きつけられた瞬間でした。

私のように、**大きな出来事によって気づかされる人もいれば、そうではない人もいます。**たとえ象徴的な事件が起こらなかったとしても、自分から小さな不自由さを丁寧に見ていくことが大事です。

多くの人が不自由さに気づかず流されていくので、そこに気づくことは大きな意味を持ちます。日常で感じる不自由さや違和感を、一つひとつ書き留めていく癖をつけましょう。

ステップ1

ビジョンを「言語化」する

不自由さや違和感に気づけたら、それらを整理し、自分のビジョンを描いていきます。

ビジョンは明確であればあるほど、実現の可能性が高まります。なぜなら**ビジョンとは、マラソンで言うゴール地点**だからです。ゴール地点があいまいでは走る道筋がわからず、手探りで進まなくてはなりません。それでは速く確実にたどり着くことはできません。

明確にするには「言語化」することです。

文字にすることで、自分自身も客観的な視点を持つきっかけになります。また、人に広めるときも言葉になっていなければうまく伝えることはできません。

自分が抱いた不自由さや違和感は何が原因なのか。どうすれば解消できるのか。その不自由さや違和感がなくなった世界はどんなものなのか。

想像して書き出してみましょう。

ワーク

書き出してみよう！

自分が抱いた不自由さの原因

解決法

実現したあとの世界

違和感を顕在化《けんざいか》するのは、見方によっては文句を言っているように思えるかもしれません。確かに何もせずにぼやいているだけでは、ただのクレーマーです。

不自由さを口にすることを、ただの文句で終わらせるのか、そうではないのか。その違いは、不自由さの原因を個人に求めるのか、それとも社会に漂っている思想や体制に求めるのか、という点にあります。

個人に求めればクレーマーになってしまいますが、社会に求める人は改革者になっていけるのです。

私の場合、「ダンサー」と名乗ると急に雑に扱われたり、軽く見られたりすることもありましたが、そのときも**相手を責めるのではなく、「その人にそう思わせる社会の空気があることが原因」と考える**ようにしました。その視点を持てれば、あとはどう変えていくかを考えればよくなります。

「損をする人」が出てしまうビジョンは避ける

空気を変えるためのもっとも効率的な方法は、みんなを味方につけることです。

改革することに、みんなが同意してくれればいいのです。

みんなに同意してもらうには、みんなの利益になることを考えるのが一番です。

つまり、不自由さを解消し、理想の世界をつくっていこうと思うなら、なるべく多くの人のメリットになるようなビジョンを考えるのが必要ということです。

「得する人もいるけれど、損する人もいる」というビジョンでは、勢いがつきにくく、空気を変えるのに時間がかかってしまいます。

また、誰かを悪者にして正しさを主張するようなビジョンは、強さがあるので一見魅力的に映りますが、やがて歪みが現れることになります。

自分が抱える不自由さや違和感を、どう公益性に乗せて提案するか。それが、ビジョンを構築するときの大きなポイントになります。

私のビジョンの根源にある不自由さは、世界一を獲って帰ってきたときの空港で、自分自身がショックを受けたことです。

そこから考えたときに、自分はもちろん悔しいけれど、今後私と同じように世界一になって空港で悲しい思いをする人をなくしたいという気持ちが湧いてきたのです。

そのためには、みんながダンスに興味を持ってくれるような社会をつくること。

みんながダンスに興味を持っている社会をつくるには、極論、みんなが踊っていること。

日本人全員が踊っている社会をつくれば、みんながダンスに興味を持ち、ダンスの良し悪しもわかるようになるから、ダンサーの地位や価値が適正に評価されるようになる。

そうすれば、ダンサーみんなの悩みが解決できる。

そして、ダンスは身体を動かしながら、世代や言葉を超えて人同士を深くつなぐ力を持っているので、みんなが踊れれば、もっと楽しいコミュニケーションがあふれる世の中ができる——。


そんなふうに、イメージが広がっていったのでした。

あなたも、いま一度、不自由の原因となっている社会の空気は何かという視点で考えてみましょう。

ワーク

書き出してみよう!

不自由の原因となっている社会の空気

多くの人のメリットになることとは?

自分の不自由と、みんなのメリットをつなぐ架け橋とは

ステップ2

信用を得る

意外と見落とされがちなのですが、自分のなかでビジョンが言語化できたら、誰かに話しに行く前に、話を聞いてもらえる自分になることが必要です。そのビジョンを語るにふさわしい信用力がなければ、ほとんどの人は話を聞いてくれないからです。

信用には大きく分けて2つの要素があります。

ひとつは「言動」です。

第4章でお伝えした通り、私自身、多くの人に信用してもらいやすいよう、服装や言葉遣いを変えました。

別に、兵隊のように枠にはまってみんなと同じ格好や振る舞いをするのが正しいと言いたいわけではありません。

自分が話を聞いてもらいたい相手が、個性を求めてくるのであれば、それに合わせるのが近道ですし、そうでないなら不必要な個性は手放してもいいということです。

人間同士のつながりをつくっていきたいなら、印象のいいコミュニケーションを取れるに越したことはありません。

自分の言動を振り返り、話を聞いてもらいたい相手に接する立ち振る舞いとして、効果的でないと思うところがあれば見直していきましょう。

信用のもうひとつの要素は「実績」です。

「○○な世界をつくりたい」と言っても、それをできるとイメージしてもらえる実績がなければ、人は信用してくれません。

「日本人全員を踊らせたい」と言っている私自身が、

「ダンスはまったくやったことがありません！」

ではダメだということです。

ダンスを踊れて、誰かに教えた実績を持った自分でなければ、誰も本気で話を聞いてはくれないでしょう。

私には「世界ナンバー1を獲ったことがある」という、信用を得やすい実績がありましたが、こうした順位に関わるような実績は、誰でもすぐ簡単につくれるものではありません(だからこそ信用力が高いのですが)。

ただ「経験」という実績は自分からつくりにいくことができます。やったことがないのであれば、やってみて「やったことがある」という事実をつくればいいのです。

ここでひとつ、大事なポイントがあります。

実績をつくりにいくときには、ビジョンに必要な役割から逆算した実績を積みにいくということです。

ビジョンがなくただ働いていたり、ビジョンとの照らし合わせができていなかったりすると、目の前のことを「やりたいか・やりたくないか」で判断して、未来につながらない実績を積み重ねるだけになります。

積み重ねた実績による信用で次の仕事が来るので、自分の望まないもので信用を積み重ねても、自分が望まない仕事しか入って来なくなります。

たとえば「振付師になりたい」と思うのであれば、振付の仕事で実績をつくれるように動かなければなりません。

ただ人から渡された振りを踊っていたり、レッスンスタジオでインストラクターをしていたりするだけでは、「振付ができる」という信用は得られないということです。

だから、**ビジョンを明確にし、そこから逆算して、必要な役割の実績をつくりにいく**ことが大切なのです。

ダイレクトに実績になるものだけがすべてではない

ただし、一見関係ないように感じる役割をすることが悪いわけではありません。遠回りに見えることも、知らないうちに自分の力になっていることが多いので、決して無駄にはなっていません。

ビジョンと照らし合わせるというのは、目の前の仕事に意味を持たせることにもなります。

「振付師を目指しているけれど、来るのはインストラクターの仕事」というとき、方向が違うので断るのもひとつです。

でも、振付師の仕事の役割を分解して考えると「教える」という要素もあります。教えるのが上手かどうかは、振付師としても大事なスキルです。だから、**いつか振付をして教えるとき上手に教えられるようになることを意識してインストラクターの仕事をするなら、それはビジョンを達成するための実績になり得る**ということです。

ビジョンが明確になっていれば、たいていのことは自分を成長させてくれる要素になります。ビジョンにつながるダイレクトな役割の実績を積むのはもちろん大切ですが、そうでない仕事の依頼が来たときも、そちらの方向の実績になるようにフォーカスさせることが大事。そこに意味を持たせられるかどうかは自分次第なのです。

いま目の前にある仕事で、ビジョンにつながる実績になるのはどんな要素か、考えて書き出してみましょう。

ワーク

あなたのいま目の前にある仕事で、ビジョンにつながる実績になるのはどんな要素ですか？

（例）「振付師になるためにインストラクターの仕事をして
"教える"という要素を得ている」

ステップ3

ビジョンを周囲に話す

信用が積み上がってきたら、周囲の人たちに自分のビジョンを話してみましょう。

いまはインターネットやSNSがあり、一気に多くの人に向けて発信することもできますが、私はまず身近な人たちに話して、反応を見てみることをおすすめします。

なぜなら、自分がそのビジョンを語ることを、まわりがしっくりくるかどうかが大事だからです。

信用を持っているかということにもつながりますが、自分のことをよく知らない人は、突然壮大なビジョンを叫んでいる姿の人を見てもポカンとするだけです。それではせっかくの素晴らしいビジョンも広まりません。

そうならないためには、自分のことを知ってくれていて、信頼関係もできている人たちにまず話して、味方を増やし、ひとつの輪をつくっておくのが大事なのです。

身近な人との「壁打ち」が大事

そして、そこで出てきたみんなからの質問にきちんと考えて答えていくことに、大きな意味があります。

信用できる人たちとの壁打ちを繰り返すことで、自分では気づいていなかった説得力に欠ける部分を見つめ直せたり、あらためて自分の考えを整理できたりします。

まわりの人とのやり取りで、自分の意見をブラッシュアップし、話し方を鍛えることで、さらに多くの人に伝わる形をつくっていくことができます。

あなたなら、誰に、どんな順番で自分のビジョンを話しますか？

思い浮かぶ人をリストアップし、シナリオを書いてみましょう。

ワーク

書き出してみよう！

ビジョンを話す人

ビジョンを語るシナリオ

ステップ4 アプローチを考える

ビジョンを叶えるための基礎ができあがったら、いよいよ実行のフェーズに入っていきます。ここで考えるポイントは、**「誰に」「どうしてほしいのか」**を明確にすることです。

「誰に」「どうしてほしいか」をイメージする

「誰に」が決まれば、その相手に伝わりやすい方法を考えることができます。やみくもに自分のスタンスを押しつけるだけでは、伝わるものも伝わりません。

特定の相手のふところに入っていくには、相手のルールを知る必要があります。

たとえば私は、とある手続きのために区役所の窓口に行ったことがあるのですが、書類もつくらずいきなり訪問したことで、突き返されたことがありました。

そのときは一瞬腹が立ちましたが、冷静に考えれば、そこで腹を立てていても何も実現しません。行政には行政の伝え方のルールがあって、私がそのルールブックを知らなかっただけなのです。

本当に自分の意見を伝えたいのなら、相手のルールを考慮しないと、全然違う言葉を話している人のようになってしまいます。

「誰」を明確にすることで、相手のルールを知ることができるので、まず「誰に」「どうしてほしいのか」を考え、そこからアプローチを分解して考えていきましょう。

例として、私が「日本人全員を踊らせたい」というビジョンを実現するために考えたアプローチを紹介します。

私は、「日本人全員」を年代別に3つの層に分けて考えることにしました。

人が何かをはじめる理由は、年代によって異なるのではないかと思ったからです。

まず10代前半頃の、物心つくまでのキッズ世代は、教育によって新しいことをはじめま

す。

彼らは自分たちの意思ではなく、親の理想や想いによって機会を与えられたり、または教育プログラムとして組み込まれていることで、必然的におこなうことになったりします。

いま、学校の教育過程にダンスが取り入れられていることは私にとって追い風ですし、私自身も学校や保育施設などに教えに行く機会をつくれるようアプローチしています。

次に、10代後半〜20代の若い世代は、夢のために動きます。

「○○をやりたい」
「□□みたいになりたい」

そんな夢を持って、自分がやりたい何かをはじめるのです。

だから、若い世代には夢を見させてあげることが大切だと考えています。

今回はじまったDリーグはまさに、若者にダンスでの夢を見させるきっかけになると思っています。ダンスのプロリーグを見て、そういう活躍の場所があると知った子たちが、自分もやってみたい、あのステージに立ちたい、と思ってくれることを願っています。

最後に、30代以上の大人たちですが、彼ら彼女らはメリットがないと新しいことをはじめません。

大人を動かしたいと考えるときには、動いてもらうための動機を見つける必要があります。商品を買ってもらいたいのであれば、買い手が商品を手に取りたくなる動機を考えなくてはいけないのです。

動機の多くはメリットから発生します。メリットがあるから動機になるのです。だから、さまざまなシチュエーションを想像してみるといいでしょう。

このように、まず自分が動かしたいと思っている人は「誰」で、「どんなアプローチ」ができるのか、整理してみましょう。

ワーク

書き出してみよう!

動かしたい人

アプローチ方法

年代によって、感じるメリットは違う

ちなみに、大人がダンスに対して感じるメリットは、大きく分けて4つあると思っています。

1つは「健康」。

これは、万人に共通するメリットですね。身体を動かす習慣が健康にいいことは言うまでもありませんが、最近ではダンスが脳や精神にもいい影響を与えるという研究結果が発表されています。

2つめは「交流」。

ゴルフをはじめるときの動機を想像するとわかりやすいですが、多くの大人がゴルフをはじめる理由は、純粋にスポーツを楽しみたいというものではないと思います。

それよりも、

「ゴルフができたら接待で役立って、仕事につながるかもしれない」

「ゴルフ好きの実力者の人と、仲よくなれるかもしれない」

というような交流が主な目的ではないでしょうか。

このように、人は誰かとつながるために何かをはじめることがあるということです。

ダンスは、人と人とがつながるのにとても力を発揮するツールです。老若男女誰でも、それぞれのレベルに合わせて自由に楽しむことができるからです。

一緒に踊るときも、たとえばキャッチボールをする場合のように、「上級者が初心者に向かって全力を出したら、ケガをさせてしまって危ない」と遠慮する必要もありません。

また、ダンスは基本的に勝負事ではないので、一緒に踊れば楽しい感情を共有でき、みんなが気持ちよく終わることができます。

だから、ダンスをする人が増えれば、それだけ質の高い交流がたくさん生まれると考えています。


メリットの3つめは「表現」です。

人には何かで自分を表現したいという欲求があります。一般的な仕事をしていても、趣味で絵を描いたり、音楽をやっていたりする人たちがいるのはそのためです。
表現の場になることを知れば、興味を持ってくれる人は現れるでしょう。

最後4つめは「発見」です。

いわゆる知的好奇心が旺盛な人は、歴史や豆知識を知って、新しい見方を見つけることに喜びを感じます。深く知ることでどんどん面白さを感じ、さらに探求し、実際にやりはじめる人もいます。

最近は街中にダンスのコンテンツがあふれていて目にする機会が多いので、ダンスについて知っていることが多ければ、それだけ楽しめる幅が広がることにもなります。知識を持ってその奥深さを楽しめるようになると、より豊かな時間を過ごせるようになります。

あなたのビジョン実現につながる動機となり得る、相手のメリットにはどんなものがありますか？　考えて書き出してみましょう。

ワーク

あなたのビジョンにつながる相手のメリットを書き出してみよう！

（例）「健康」「交流」…etc.

もともと興味がある人だけを対象にアプローチするなら、そこまで深く考えなくても動機を見つけることができるかもしれませんが、もともと動機がない人に動機をつくりにいかないといけない場合は工夫が必要です。**動機がない人に動機をつくるためには、誰でも興味があるようなことと結びつける必要があります。**

では、興味を持っていない人が興味を持つ瞬間は、どういうときか。

それは、まわりの人が興味を持ったときです。

一般の方向けにおこなった私のダンスレッスンに参加してくれた人に、参加理由を聞いてみたら、「妻がダンス好きなので興味を持った」と答えてくれたことがありました。

Dリーグを発足させた平野岳史氏も、自身は会社役員でダンサーでも何でもないのに、なぜ興味を持ってダンスのプロリーグをつくるまでに至ったかというと、娘さんがダンス好きだったからといいます。

このように、まわりが興味を持つと興味の輪は広まります。そういう意味では、まずいま興味を持っている人たちの熱をさらにヒートアップさせるアプローチは大切です。

ステップ5

具体的なプロジェクトをつくる

アプローチ方法まで見えてきたら、あとはとにかく行動です。

ここでは、私自身が経験から学んだ、プロジェクトをつくるときにおさえておきたいポイント2つをお伝えします。

具体的なプロジェクトをつくるときに大事な2つのポイント

ひとつは、テーマとゴールを最初にしっかり決めておくことです。

本書で何度も触れていますが、やはりゴールが明確でないと成功は見えてきません。

ビジョン全体のゴールを見ておくのはもちろん、プロジェクトごとのゴール、そのためのテーマもしっかりと決めて、メンバーで共有するようにしましょう。

その上で**もうひとつ私が推奨するのは、小さなゴールを設定すること**です。この発想は、私の失敗経験からきています。

私は「大人が踊る」というゴールを設定し、オンラインサロンをつくって、踊りたい大人を集めました。ところが、やりはじめてから気づいたのです。この人たちには、ダンスを練習したところで発表する場がないということに。

上手・下手はあまり関係ありませんが、踊る理由がなくても楽しくて踊ってしまうほどのダンサーを生むためには、継続してもらうことが必要です。でも、発表する場所がなければ、どこを目指して練習すればいいかわからず、モチベーションが下がってしまいます。

その様子を見て、私は大きなゴールの手前に、小さなゴールをいくつか設定することが必要だと痛感。「大人ダンサー」が生まれるまでの、小さなゴール設定として「大人のダンス発表会をおこなう」という新たなプロジェクトを立ち上げました。

このように、プロジェクトを成功させるためには、向かうべき大きなゴールと、モチベーションを維持させるための小さなゴール設定が大切です。考えて書き出してみましょう。

ワーク

書き出してみよう！

おこないたいプロジェクト

プロジェクトのテーマ

プロジェクトのゴール

設定する小さなゴール

ステップ6

強い気持ちを持ち続ける

思いついたプロジェクトを実行し、振り返り、また次のプロジェクトへと進んでいく。どんなときも信用を損なわないよう、人として大事なことを、当たり前に大事にしていく。これらのことをコツコツと積み重ねていれば、次第に協力者が増え、自分が描いたビジョンの実現に向けて、世界がどんどん動きはじめるでしょう。

ただ、理想の世界を実現させるのは簡単なことではありません。困難にぶつかって、うまくいかないこともあるでしょう。すぐに賛同を得られるかはわかりません。仲間にも理解されず、不安になる日もあります。心が折れかけて、あきらめたくなってしまうこともあるかもしれません。

でも、そこでくじけてしまっては、理想の世界は実現できません。

あなたのビジョンの旗は、あなた自身が掲げ続けていない限り、誰も代わりに持ってはくれないのです。

みずから踊るような人生を送るとは、そういうことです。

だからこそ、たとえつらい状況になったとしても前を向いていられる、強い気持ちを持ち続けておくことが大切になります。

失敗はネタになるのだから、楽しんでしまおう

強い気持ちを持ち続けるには、自分が掲げたビジョンに信念を持っておくことが必要ですが、それでも揺らいでしまいそうという人のために、ほとんど落ち込むことがない私自身の思考法をお伝えしておきます。

大事なのは、失敗を楽しめるマインドを持っているかということ。

何かを叶えるにはイメージすることが大切なので、基本的には成功しか考えていませんが、でも私は万が一失敗しても失敗を楽しめる自分を意識しています。

努力を最大限にしていれば、自分としてはOK。失敗を「失敗」と捉えず「数多ある結

果のひとつが出た」くらいの感覚でいます。

「うまくいかなかったら、またストーリーとして話せるな！」と思うと嬉しくなってきますし、その失敗を挽回するための実験や取り組みを考えることを、ゲームのようにまた楽しめばいいのです。

逆に言うと、失敗してどん底に落ちて、1年間苦しむような設定はしないことをおすすめします。

何かの取り組みで結果が出なかったときも、将来、「あの挫折があったから、いまがあります」と答えているインタビューの風景を想像する。

そのくらいの心持ちでいることが大切です。

実際にビジョンを持っていればすべてがプラスになるし、失敗のおかげで説得力を増すことは充分あります。

多くの人は、失敗を「恥ずかしい」と感じて恐れています。

その気持ちは、大人になればなるほど、大きくなっています。

私は大人にもダンスを教えていますが、「踊ってください」と言っても、恥ずかしがって踊ってくれない人がいます。会社や学校などの研修でおこなうときだけでなく、自分からレッスンに来た人に教えているときでも、そういう人がいるのです。

こちらはその人に最初から上手に踊れることを期待しているわけでもないし、その人も失敗したところで死ぬわけではありません。

それでも、大人になり、ある程度の立場や見られ方が固定されたなかにいるようになると、何かアクションを起こして失敗することを恥ずかしいと思うようになります。

ビジョンを叶える過程は失敗だらけ。羞恥心との戦いです。

私ももちろん、小さなことも含めて、まわりから見ると「失敗」と思われるようなことをすることがあります。それで恥ずかしいなと思うこともあります。

でも、自分の人生をストーリーとして捉えているので、俯瞰してみると、後日これが面白いエピソードとして話せるなと思って、また次に進むことができています。

恥ずかしいからチャレンジしないという選択をしてしまえば、そこで終わってしまいます。失敗を恐れず、恥ずかしさを超えて、実現したい世界に対してアプローチしていく。その先に未来があるのです。

ワーク

書き出してみよう!

最近失敗してしまったこと

人に面白く話すためのネタにしてみよう

みんなで発展していくことを考える

いまは、大人になっても、いつからでも、何でもできる時代です。そのなかで、いつまでも誰かに踊らされている人生では面白くないと思いませんか？

みずから踊る人生は大変なこともありますが、そのぶん楽しみや喜びも大きくなります。ガムシャラにぶつかっていれば、仲間が現れます。

非難してくる人にも出会いますが、自分自身がどんなことからも吸収して成長していこうという気持ちを持っていれば、すべてがヒントになります。

できないことにぶつかったときこそ、自分をアップデートするチャンス。そして、仲間を増やすサインでもあります。

ひとりで何でもできたら仲間はいりません。でも人間にはみんな、できることとできないことがあるから、誰かが必要で、チームをつくっていけるのです。

私は、自分と関わってくれている人全員を、「FISHBOY村」の家族のようにイメージしていて、この村の人たちが全員で発展していくことを考えています。

村のなかにはさまざまな役割を担ってくれている人がいて、それぞれが才能を発揮して、自分の分野で活躍している。次第に連携がはじまって、サイクルが生まれ、村全体が活性化していく。そんな世界を目指しています。

あなたもぜひ、自分を中心とした理想の世界をつくり上げていってください。

あなたの村の住人はどんな人ですか？

どんな人が、どこでどんな仕事をしていますか？

どのように、チームが連携できそうですか？

世の中はどんどん多様化しています。

もう、誰かが敷いたレールの上を歩いていけば成功が約束されている時代ではありません。誰かがあなたの幸せを保証してくれるわけでもありません。

理不尽さや不自由さに向き合いながら、自分が理想とする未来にチャレンジした先に、本当の成功があります。

そして、そこにチャレンジする人が、世の中のリーダーとなっていくでしょう。

それぞれの人が、踊らされるのではなくみずから踊り、自分とみんなの幸せを考えたとき、世の中はきっともっと面白くハッピーなものになっていると思います。

最終章

対談

FISHBOY × オリエンタルラジオ 中田敦彦

FISHBOY × オリエンタルラジオ 中田敦彦

弟

FISHBOY（フィッシュボーイ）

プロダンサー。株式会社うご区代表。ワタナベエンターテインメント所属。中学生からダンスをはじめ、数々のコンテストで優勝。2009年、ダンサーのKITEとともに「JUSTE DEBOUT」世界大会で優勝。日本人ダンサーでは初となるアディダスオリジナルからスポンサード契約を受けた実績を持つ。お笑い芸人「オリエンタルラジオ」の中田敦彦氏の実弟であり、オリエンタルラジオの2人とユニットを組んだ6人編成のダンス&ボーカルグループ「RADIO FISH」としても活躍中。2021年1月よりはじまった世界初のダンスのプロリーグ「Dリーグ」では、「CyberAgent Legit」の監督を務める。「日本人を全員、踊らせる」をミッションに、全国民ダンサー化を目指している。

兄

中田敦彦（なかた・あつひこ）

1982年生まれ。2003年、慶應義塾大学在学中に藤森慎吾とオリエンタルラジオを結成。04年にリズムネタ「武勇伝」でM-1グランプリ準決勝に進出して話題をさらい、ブレイク。またお笑い界屈指の知性派としてバラエティ番組のみならず、情報番組のコメンテーターとしても活躍。14年には音楽ユニットRADIO FISHを結成し、16年には楽曲「PERFECT HUMAN」が爆発的ヒット、NHK紅白歌合戦にも出場した。マルチな活動はとどまるところをしらず、18年にはオンラインサロン「PROGRESS」を開設。さらに19年からはYouTubeチャンネル「中田敦彦のYouTube大学」の配信をスタート。

渇望の教育、両親からの無言のメッセージ

Q お笑いの世界とダンスの世界、それぞれ違うジャンルで、それぞれが活躍している兄弟はめずらしいと思うのですが、それを実現させた2人のルーツであるご家庭は、どのような環境だったのでしょうか。「中田家のDNA」みたいなものを教えていただけますか?

敦彦：中田家のDNA……何か特別なことあったっけ?

FISH：僕の記憶でひとつ鮮明に覚えているのは、漫画を買ってもらえなかったこと。小学生の頃、まわりのみんなは『コロコロコミック』や『ボンボン』みたいな少年漫画誌を読んでいるのに、ウチには何もなくて。

敦彦：そういえば漫画は少なかったよね。

FISH：『ブラック・ジャック』と『火の鳥』と、『日本の歴史』、あとはドラえもんが解説している算数の本だけ(笑)。

敦彦：手塚治虫が置いてあったのは母の好みで、お勉強系の漫画は父の親切心だと思います。

FISH：そういう部分で僕たちはエンタメに乾いていたと思います。「乾きの教育」だったのかなぁ。

敦彦：そこら辺の渇望感は確かにすごくあったよね。僕がいま、子育てをしていて思い出すのは、お菓子が全然なかったこと。

FISH：確かに、お菓子もなかった!(笑)

敦彦：自分の子どもが普通にチョコやアメを食べているのを見て、すごく違和感があって、どうしてだろうと考えたら、自分たちは子どもの頃、お菓子が欲しいと言うと、煮干しや海苔などしか食べさせてもらえなかったんです。

FISH：そう！　カルシウムだからと言って食べさせられてた（笑）。

敦彦：漫画はないし、お菓子もない。あと、父親が高所恐怖症で飛行機が嫌いだったから、海外旅行にも連れて行ってもらえなかった。「海外旅行は大人になって自分で行きなさい」って言われて。貧しかった記憶はないけれど、そういうフラストレーションは兄弟に共通してあったのかも。

FISH：音楽も、クラシックとビートルズとカーペンターズしかなかったよね。

敦彦：偏っているよね。ポップスは全然なくて、クラシック全集ばかり。それも親が聴くわけじゃないから、置いてあるだけ。でも、別に好きじゃないんだけどそれを聴くしかないから、ドヴォルザークやバッハを聴いていたよね（笑）。

FISH：そうだったね。

敦彦：「クラシックを聴いてお勉強をする子どもになってほしい」という「こうなってほしい」が強すぎて、逆に白々しく感じていたのかもね。楽しんではいたし、結局あとになって感謝はするんだけどね。手塚治虫は最高だし、クラシックも素晴らしいし、煮干しは身体にいいんだけど、かなりメッセージ性が強い親だったのかもしれないよね。

FISH：遊ぶものも、サッカーボールしか与えられなくて、最初は普通に蹴ったりリフティングの練習をしたりするけれど、飽きてくる。それで今度はサッカーボールを使ってどんな遊び方ができるかを考え出していたよね。たとえば、当時住んでいた家は、玄関から門の間が5メートルくらいあって、そこに飛び石みたいなものがあったから、その間にサッカーボールを転がして楽しむ、みたいな。あるものでどれだけ遊び方を変えられるかという可能性を探したり、与えられた役割以外のものを見出したりすることを教わっていたのかな、と。

敦彦：面白いのが、お笑い芸人とダンサーって、両方とも身体ひとつで勝負しなければならない、すごく原始的な職業だってこと。

FISH：そうだね。

敦彦：父は一部上場企業の会社員で、子どもにも「いい大学に入って会社員になってほしい」と思っていた人だけど、結果的に2人とも反発するような道に進んだのは、親のおかげというか、親のせいといえば「せい」だよね（笑）。

FISH：（笑）

敦彦：結果的に活躍できたからいいものの、売れない芸人と、しょぼくれたダンサーになっていたら、マジで子育て失敗だよ（笑）。

反対される兄、心配される弟

Q そんなご両親の教育方針のもと、お笑いの道やダンスの道に進むことについて、反対はなかったのですか？

敦彦：僕は結構盛大に反対されましたね。FISHBOYはどうだったのかな？

FISH：僕はヌルっとダンサーになりました。ずっと親の期待値は兄貴に偏っていて、僕はあまり期待されていなかったんですよ（笑）。兄は「受験しなさい」と言われていたけれど、僕は塾に行きたいと言っても「え、行くの？」みたいな。

敦彦：そうなんだ。でもそれは、僕のスペックが高かったからではなく、父親自身が長男だったから、親父の長男信仰が強かったからだと思うよ。昭和の人間だから、よくも悪くも「敦彦は長男なんだから、こうしなければいけないよ」とよく言われて。FISHBOYは「長男ではないから、好きにやればいい」という感じだったのかな。

FISH：兄貴がいろいろな壁に自ら立ち向かっていくので、自分はそれを見ながら「こうしていけばいいのかな」「ああすればいいのかな」と見て参考にしていたから、兄貴よりは楽させてもらっていたと思う。

敦彦：あまり反対されなかったんだ？

FISH：反対はされないけれど、心配はされてたかな。とくにダンスをやっていると気づかれたときには、父にも母にも「大丈夫か？」と言われたね。

敦彦：母は何かしらで毎日、FISHBOYのこと心配してるよね。

FISH：そうそう、もうどれだけ説明しても、めちゃくちゃ心配される（笑）。

敦彦：僕がお笑いでブレイクしたあとも、「あの子大丈夫かしら？　弟の生活の面倒をあなた見られないの？」と母親が言ってきて（笑）。

FISH：え、なんで（笑）。

敦彦：「僕が面倒見なくても、彼はちゃんと生きていけるから、失礼だよ」と言ったんだけど、そういう感じだったね。

僕がお笑い芸人になるときは、父親と父方の祖母がめちゃくちゃ反対していて。それで手紙にやりたい理由を書いて、説得した覚えがあるよ。ただ、幸いテレビに出るのがすごく早く、養成所を出てすぐ仕事になっていたから、納得してくれた部分はあったよね。

互いに尊敬し合える関係

Q それぞれのフィールドで大活躍されている2人ですが、お互いの活躍をどのように見ていますか？

FISH：僕はめちゃくちゃ嬉しいですね。兄と比較されて嫌なんじゃないとよく聞かれますが、全然そんなことなくて。兄貴には失礼な言い方かもしれませんが、誤解を恐れずに言うと、いい意味で「株主」みたいな気分なんですよ（笑）。だから、「自分が買った株がめっちゃ上がった！」みたいな感じで、兄貴が活躍しているのは自分ごととして、手放しで喜んでいます。

敦彦：FISHBOYが僕と比較されるのを気にしないと思えるのは、やはり違うジャンルだからというのが大きいんじゃないかな。同じ芸人やダンサーだったら、いろいろ思うこともあるかもしれないけれど、全然違う世界なので、すごさがよくわからない（笑）。

FISH：兄貴はよく自分の人生を年表にして、山と谷があると話しているけど、僕としては兄貴はずっと活躍しているように見えていて、谷の時期があったことに気づいていなかったから、きついことがあったというエピソードを聞くたびに驚いているよ。「大活躍してるなかで、こんな困ったことがあったんだ」「あのときじつはそうだったんだ」と。

敦彦：僕自身もFISHBOYの活躍を見るのは嬉しいよ。いまDリーグの監督をやっているのも、まさか自分の弟がプロリーグの監督をやるなんて、誇らしい。すごいじゃん！と思っているし、僕はとにかく助けられているよ。

FISH：そんなことないよ。

敦彦：芸能界というところは、長くいるのが大変なんだよ。一時期テレビによく出ていたけれど、気づいたら見かけなくなる人もたくさん見てきたなかで、僕は使えるものは何でも使わなきゃという生き方でやってきて。相方（藤森慎吾氏）の〝チャラ男〟ブームに乗っからせてもらったのもそうだし、RADIO FISHもFISHBOYに頼ってつくったムーブメントだしね。あれは、オリエンタルラジオがFISHBOYに頼っているから「RADIO FISH」。メンバーも集めてもらって本当に助かった、「頼りになるなぁ」という感じ。

FISH：光栄です（笑）。

敦彦：僕には弟にないスキルがあって、弟には僕にまったくないスキルがあって、でもそれぞれが融合できるスキルだからよかった。これがたとえば、FISHBOYが大工さんだったら、たとえ一流でも、どうコラボしていいかわからない（笑）。ちょっと難しかったと思うけど、ダンサーと芸人ならできるだろうというのはあるよね。まったく違うから比較しないけど、同じステージに立つ仕事だから協業できる、最高の兄弟関係だなと思っているよ。

RADIO FISHは親孝行できる場

Q 兄弟で一緒に仕事や表現活動をするなかで、良い点と悪い点はどんなところですか？

敦彦：嬉しいのは、親孝行しやすいところですね。あまり親孝行するタイプの兄弟ではないんですけど、RADIO FISHに関しては、息子2人を同時に見られるというところで、親の満足度は一番高いんですよ（笑）。日本一満足していると思います。

FISH：悪い点はあまり思い浮かばないよね。

敦彦：致命的に悪い点というのはないね。

FISH：僕は、表現活動をしているなかでは、あまり「兄弟」という感じはしていないんだよね。プロジェクトの出発地点では兄弟感があったり、ときどき他のメンバーより何かが言いやすかったりするのはあるけど、それ以外は「メンバー同士」という感じ。

敦彦：兄弟というよりは、プロとプロという感じでやっているかな。「メンバー」としての意識が65％。ただ僕としては、その「言いやすさ」という点で、すぐ兄貴風吹かせてしまうことがあるので、そこは申し訳ないなと思っているけどね。

FISH：全然、大丈夫だよ（笑）。

敦彦：親父に「敦彦、もっとこうしたらいいんじゃないか？」と言われて面倒くさいと思うことがあるけど、それに似たことを僕も弟によくしちゃうなぁと。

FISH：僕が兄貴の小説から「FISHBOY」という名前をもらって勝手に使い出したときは、どう思った？

敦彦：小説自体は僕がプロになって出したものではなく、学生時代にインターネットに出していたものだったから恥ずかしい気持ちが2～3割あったけど、自分のことを好きでいてくれないとそうはしないだろうからシンプルに嬉しかったよ。登場人物にシャレでつけた名前だったけど、結構いい名前だなって（笑）。聞きやすいし覚えやすいし、僕も気に入ったんだよ。

好きなことと仕事のバランス

Q お笑いとダンス、ある意味すごく狭き門であるジャンルで、それぞれ「やりたいこと」を追求して成功している、その秘訣はどんなところにあると思いますか？

FISH：僕は、じつは最初からダンサーになりたかったわけではないんだよね。

敦彦：そうなんだ？

FISH：中学生からダンスをはじめて、他の人より確実に振り覚えが早いというところで「向いているな」と思って続けていた。コンテストで優勝とかもしていたので、普通だったらインストラクターとかをやるはずなんだけど、大学生のときには沖縄でカフェをやったり、会社を登記して土地開発をしたりしていたんだよね。でも結局沖縄にいると、なんだかすごくダンスのパワーが湧いてきて、ダンスが仕事になっていったという。

敦彦：あー。

FISH：世界大会で優勝させてもらったりはした

んだけど、ダンスが選択肢のなかのひとつであったことが、僕にとってはよかったのかなと思っているよ。

「どうしてもダンスがやりたい！」ではなく、「ダンスもやるけれど、他のことも興味があるものはどんどんやっていく」という感じで。ダンスがなくなっても他のことで生きていけて、そのうえでダンスはすごく好きだからやっている。最初からダンスを仕事として見ていなかったのが、僕にとってはよかったのかな。

敦彦：意外だよね。めちゃくちゃダンス好きなイメージがあったから、最初からダンスに取り憑かれていたんだと思ってた。

FISH：高校生のとき、ダンスがめちゃくちゃ大好きになったんだけど、仕事としては見てなかったな。いろいろやることが大事なのかなと自分は思ってた。

敦彦：ダンスもお笑いも、すごくやりたいという気持ちと、それで食べていけるかどうかは、格差が大きいよね。楽しそうだからみんなやりたいけど、食べていけるのは一握りだから。

それがわかっていたから、僕の場合は相方が現れるかどうかで、仕事としてできるかを判断しようと思っていて。「お前とならプロになれる」って言ってくれる人がいないなら、僕の思い込みだけだから。

FISH：なるほど。

敦彦：プロになるかどうかは、マーケットというか、お客さんが決めるものだからね。僕がいまから「メジャーリーガーになる！」と言っても、どうしようもないわけで。だから、FISHBOYが言うように、「これが向いているのかな？」というくらいのライトな感じで考えながら、まわりの感覚に自分をフィットさせていくのも、確かにそうだなと。

FISH：そうなんだよね。

敦彦：僕自身、お笑い芸人でありながらYouTube

をはじめたのも、ユーチューバーになりたかったわけではなく、自然とそうなっていったに過ぎないのかもしれない。結果的に、世界に最適化させようとした形がこれだったというだけなのかもね。

経験が積み重なって道が見つかる

Q 何かやりたいけれど、自分のやりたいことがわからず、具体的な夢がないという人に、お2人ならどんな言葉をかけますか?

敦彦：僕は、やりたいことがなかった時期はほとんどないんですけど、一瞬だけそうだったときがあるんです。それは、学生時代に学園祭でお笑いをやって「これからお笑いをやっていきたい」と思ったけれど、現実を見て、それをあきらめたとき。「やっぱりダメだな、無理なのかな」と思って、会社にでも入ろうかなと考えてたときは、何もやりたいことがなかった。

FISH：本当はやりたことがあるけれど、口に出す勇気がなくて、無理だって決めているときだね。

敦彦：そう。だから本当に、本当の本当にやりたいことはないですか? あきらめたり、気持ちにフタしたりしていることはありませんか? って、みんなもっと自問自答してみればいいと思う。

FISH：うん。

敦彦：「本当は漫画家になりたかった」とか「本当は歌手になりたかった」とか、あると思うんだ。それを「いや、プロになれないし」「これで飯食っていけないし」ってあきらめたかもしれないけど、たとえ趣味でも副業でも、やりたいならやってみればいい。いまは個人で発信ができて、動画販売とかもできるわけだから、やってみることで形になることはあるかなと。

FISH：そうだよね。「やってみる」って本当に大事。僕もダンスだけでなく、サッカーやバンドもやってみて、過去にやってみたことの蓄積があったから「向いている」「向いていない」がわかったから。

とりあえず何かやってみて、やってみて、やってみて……「あぁダメだったな〜」というものがいくつか積み重なったときに、見えてくることもあるから、やってみるのは大事だと思う。

敦彦：やってみて違ったとしても、一瞬「やってみたい」と思ったことは、本当に向いていることと近いものであるかもしれないよね。

FISH：そうそう。僕の場合のサッカーと音楽も、ダンスにつながる部分がかなりあるかな。

敦彦：パフォーマンスをするところとか、人前に出るところとか、フィジカルなところとか。

FISH：音楽の経験は、ダンスをするときの音の聴き方に影響してるし。

敦彦：僕がいまやっているYouTubeのスタイルも、もともと「すごく勉強をしていた」というのとお笑いを足して、できているから。足していけば意外と何か見つかるよね。だから「これかも、あ、ちょっと違ったな」という経験は、全然悪いことではないと思う。感覚の赴くままに、外しながらでも、数撃てば当たるのかもしれないし。

2025年、武道館を濃いファンで埋め尽くす

Q 個人として、また兄弟として、これから成し遂げたい目標はなんですか?

FISH：個人としては、本当に「日本人全員を踊らせる」ことです。

兄弟ではいま「RADIO FISHで2025年に武道館でライブをやろう」と話しているので、そこを狙っていきたいんですけど、そのときの成功の形に意味があると思っているんです。

さっき兄は「助けられた」と言ってくれましたが、

RADIO FISHの実績としては、やはりオリエンタルラジオの知名度ありきのものがたくさんある。知名度やしゃべりはオリラジ、ダンスの振付や裏方の部分は自分たちという、役割の違いだとは思うんですけど、2025年の武道館に向けては、オリラジの知名度に頼るだけでなく、ダンサー4人の一人ひとりがちゃんとパワーを持った状態で舞台に立つのが僕の理想の形です。それまでに、自分のポジションや影響力を高めておくことを大事にしたいです。単に「2025年武道館満員」を目標にするのではなく、僕らもちゃんと力になったうえで成功させたいですね。

敦彦：へぇ〜。

FISH：あと、兄貴は祭りが好きで、兄貴のオンラインサロンやYouTubeで、「弟は踊りが好きで、兄貴は祭り好き」という話をしているから、何か武道館以外でもお祭りをできたら嬉しいなと思っているよ。

敦彦：僕は、「2025年武道館」をなぜやりたいかというと、いまオンラインサロンやYouTubeをやらせてもらっているなかで、単にひとつのムーブメントというだけでなく、すごくロイヤリティの高いファンを1万5千人集めるという目標があるんだよね。

FISH：うんうん。

敦彦：知名度があってもライブにお客さんが集まらないタレントって、いっぱいいるよね。でも、たとえば、一般知名度はそんなにないけれど、業界内では有名な声優さんが、幕張メッセを埋めてしまうみたいなことはよくある。僕たちはまさに、一般の知名度はあるけれど人が集まらないという矛盾を抱えてきたなかで、直接みんなに支持してもらえるような体制を整えようと、ここ2〜3年やってきたよね。だからその集大成として、1万5千人を集められるよ、というのをやってみたいんだよね。

武道館は引退式になる⁉

敦彦：もうひとつ、矛盾した考えとして持っているのが、僕はあと2年で引退しようと思っているんだよね。

FISH：え！　そうなの？（笑）

敦彦：いま、YouTubeのアップロードのペースを週に2本にしていて、収録は週に1回にしているんだ。どんどん時間をつくっていって、あと2年で引退しようと。

FISH：「引退」って、どういう意味の引退？

敦彦：労働からの引退だね。アメリカなどでは「FIRE（＝Financial Independence, Retire Early)」という考えが流行っていて、貯金だけでなく投資をして利回りで食べていくということなんだけど、それを整えるのが、ここ2年の目標なんだ。

FISH：労働からの引退。なるほど。

敦彦：稼ぐために労働をするというのがない状態。もちろん依頼を引き受けることはあるし、パフォーマンスすることもあるだろうけど、全部趣味という形でやりたい。

FISH：労働が「引退するものである」という発想が日本ではなかなか出てこない。「FIRE」は本やネットで得た情報かもしれないけれど、それを自分ごととして捉えられているのは、やっぱりさすがだよね。

敦彦：2年でFIREを成し遂げて、もう1日たりとも働かなくてもいい状態になったうえで、そこから準備して武道館で派手に引退式をやろうと思ってるよ（笑）。RADIO FISH 10周年、オリエンタルラジオ 20周年、かつ中田敦彦の引退ライブになるかと。

FISH：引退してどうするの？

敦彦：僕は今年シンガポールに移住するんだけど、ずっとシンガポールに住み続けるのではなく、いろんなところに住んでみたいんだ。アメリカ大陸も、オセアニアも、ヨーロッパもアフリカも南米も、東南アジアや中東も。五大陸すべて住むのが、いま思いついている目標だね。

FISH：へぇー！

敦彦：だから、中期目標が「2025年武道館引退」、短期目標が「2年以内に経済的独立」だね。五大陸全部に住んだあと何をするのかは、まだわからない（笑）。

FISH：（笑）

敦彦：教育に関することは何か貢献したいと思っているんだよね。というのも、FIREのような考え方は、日本でまだまったく受け入れられる兆しがなく、投資に関しても全然教育が普及していない。お金の話をするのはなんだか卑しい、怖いというイメージがまだ多い。

でも僕は、英語と中国語、そしてお金に関する知識はこれからの世の中で大事だと思っているから、重点的に子どもに教育したい。

「世界中回ってきたよ」ということと、「僕はじつは、40歳から労働していないんです」ということを、子どもたちに話せるような人間になりたいんだよね！

FISH：五大陸全部回りたいというのは、いろんな世界を実際に自分の目で見てみたいということ？

敦彦：オンラインで英会話を学んでいると、拙い英語でもある程度伝わるので、アフリカ大陸の人とかと話して、ゲラゲラ笑えるんだよね。そうして話していると、外国って僕らが思っているよりも、もっと面白い。アフリカも南米も中東も。もちろん治安の問題などはあると思うけど、僕らが思っている以上に世界は狭いんだぁと思ったので、そういう話を自分のものにしたいんだよね。

FISH：なるほどねー。

敦彦：アフリカで、めちゃくちゃ大きいトウモロコシの餅みたいなものがあるんだけど、それがめちゃくちゃカロリー高いらしいんだ。それを1回食べてみてくれって、いろんなアフリカの先生が言ってくる。肉まんより少し大きいくらいのモチモチしたものなんだけど、ひとつ食べたら1日中何も食べられなくなるくらいのカロリーなのだとか。「それを観光客が食べて、腹パンパンになっているのを見るのが、俺たちの楽しみなんだ」って。

FISH：面白い！

敦彦：どういう趣味？　と思うけど、「お腹いっぱいになってくれると嬉しいんだよ、もてなしている感じがして。でもマジで太るから気をつけろよ」なんて言われて、面白いなと思って。

FISH：そういうのは実際に行かないとわからないかもね。

敦彦：あとは、アフリカはこれからすごく伸びるという話を聞くから、そういう国を見てみたいというのもある。日本も大好きなんだけど、いまからいい状態を隆盛する国に行ってみたい。

FISH：素敵だね。

敦彦：ありがとう。引退して、人生を楽しみましょ（笑）。

FISH：あはは、引退したい（笑）。

敦彦：RADIO FISH 6人全員引退できたら最高だね。

FISH：最高！

謝辞

初めて本の出版をするにあたって、あらためて感じたことは「私の生き方は、仲間や先輩方の言葉で成り立っていったのだ」ということでした。本人たちはもう覚えていないであろうひと言や振る舞いが、私の人生を大きく変えたきっかけになっているのです。


徹底的な厳しさと結果で、私の根性を正してくれたリーダーのタケル（現：BROTHER BOMB）。

世界に導いていただき、ときには叱っていただき、ツルツルの床でもそれを利用して踊る姿を見せてくださったKITEさん。

自分が成すべきことをしろと、悩みを一蹴してくださったSETOさん。

同い年ながら、フェンシングを心から盛り上げようと奮闘する太田雄貴くん。

いつもダンサー外からの意見をズバリと言ってくれる、我が道を行く兄。

昔からの仲であり、今回の出版のご縁もつないでくださったダンス界の開拓者、カリスマカンタローさん。


今回の本で触れることができたのは一端にすぎず、多くの仲間や先輩方の言動を受けて、私の人生のポリシーが構築されていきました。出会いの運のよさに感謝。みなさんに感謝。これからも一緒にいたい仲間と、なりたい自分で、なってほしい社会のなか、生きていけるようのびのび努めます。

最後に、この出版に力を注いでくれた、きずな出版の小寺裕樹編集長、編集協力の向井雅代さんにBIG RESPECT。これに懲りずに、また次回もよろしくお願いいたします。

著者プロフィール

FISHBOY（フィッシュボーイ）

プロダンサー。株式会社うご区代表。ワタナベエンターテインメント所属。中学生からダンスをはじめ、数々のコンテストで優勝。2009年、ダンサーのKITEとともに「JUSTE DEBOUT」世界大会で優勝。日本人ダンサーでは初となるアディダスオリジナルからスポンサード契約を受けた実績を持つ。お笑い芸人「オリエンタルラジオ」の中田敦彦氏の実弟であり、オリエンタルラジオの２人とユニットを組んだ６人編成のダンス＆ボーカルグループ「RADIO FISH」としても活躍中。2021年1月よりはじまった世界初のダンスのプロリーグ「Dリーグ」では、「CyberAgent Legit」の監督を務める。「日本人を全員、踊らせる」をミッションに、全国民ダンサー化を目指している。

“なりたい自分”になる技術
―「好きなこと」×「理想の姿」を両立できる人の考え方

2021年4月10日　第1刷発行

著　者　FISHBOY

発行者　櫻井秀勲
発行所　きずな出版
東京都新宿区白銀町1-13　〒162-0816
電話03-3260-0391　振替00160-2-633551
https://www.kizuna-pub.jp/

印刷・製本　モリモト印刷

ISBN978-4-86663-138-7

きずな出版